EST-CE AINSI QUE LES HOMMES JUGENT ?

DU MÊME AUTEUR

JE ME SUIS TUE, *roman*, Grasset, 2015 ; Points, 2017.
UN FILS PARFAIT, *roman*, Grasset, 2017 ; Points, 2018.

MATHIEU MENEGAUX

EST-CE AINSI QUE LES HOMMES JUGENT ?

roman

BERNARD GRASSET
PARIS

Photo de la bande : Jorg Greuel / Getty images

ISBN : 978-2-246-81743-7

« Dites, inspecteur, qu'est-ce que vous vouliez que j'entende, près de ce putain de phare ?
— La corne de brume, Monsieur Martinaud, la corne de brume. »

Maître Martinaud, notaire,
à Antoine Gallien, inspecteur de Police.
Dialogue de Michel Audiard pour le film
de Claude Miller, *Garde à vue* (1981).

À ma mère,
qui m'a donné l'amour des livres

Prologue

Depuis qu'elle s'en était allée, Bertrand et Claire n'avaient pas failli une seule fois à la promesse qu'ils s'étaient faite le jour de l'enterrement : la tombe de maman serait toujours fleurie. Chaque samedi matin c'était le même rituel. Après la corvée des courses au centre commercial de Plaisir, expédiée au plus vite, le père et sa fille prenaient leur temps pour choisir un joli bouquet. Des couleurs vives, beaucoup de feuillage, et un papier brillant avec un ruban : c'est pour offrir. La fleuriste emballait le paquet avec soin avant de le tendre à Claire en souriant, non sans un pincement au cœur pour cette adorable petite fille, orpheline à douze ans. Ils remontaient ensuite dans la camionnette de service de Bertrand, aux couleurs de sa société d'arboriculture, quittaient le parking et enchaînaient cinq ronds-points avant d'emprunter le chemin de la Bretechelle. Bertrand se rangeait sur le côté droit de la route pour permettre à Claire de sortir à l'abri des voitures qui filent trop vite sur cette route étroite. Son père la prenait par la main, et ils traversaient ensemble, avant de pousser la lourde porte en fer forgé du petit cimetière des Clayes-sous-Bois qui flanque l'église Saint-Martin. Une, deux, trois, quatre, cinq, six allées, à gauche, une, deux, trois et c'est là que maman repose. Elle n'a pas bougé. Elle ne bougera plus. Les fleurs de la semaine précédente ont fané, le vent a éparpillé les pétales et le feuillage a jauni. Il est temps de remettre un peu de vie sur cette plaque de granit, froide comme le souvenir de ce jour où le père avait fini par avouer à sa fille : « Claire, maman est très malade. » Comme s'il y avait eu besoin de le préciser. En quelques mois, maman avait perdu ses joues, ses rondeurs, elle avait coupé ses longs cheveux bouclés, sa peau s'était ridée, son sourire évanoui, comme son appétit, son rire, son goût pour les jeux de cartes et sa passion des livres. Maman avait vieilli d'un coup. Un rien la fatiguait. Papa s'était mis à s'occuper de tout à la maison, y compris de maman, trop épuisée pour se lever, s'habiller ou s'alimenter seule. Claire avait vite compris que ce n'était ni une grippe ni une rougeole, mais plutôt le désespoir qui s'était abattu sur sa famille, sans intention de lâcher prise. Elle avait fouillé partout pour comprendre, pendant un des multiples allers et retours de papa et maman vers l'hôpital, et il ne lui avait pas fallu longtemps pour mettre la main sur un dossier dissimulé au fond d'un tiroir : cancer du sein, HER2 positif, inflammatoire, autant de mots qui n'auraient pas dû signifier grand-chose pour une petite fille. Mais la connaissance est à portée de clics. Seule, devant un écran lumineux agrémenté sur les côtés de publicités clignotantes pour des résidences de vacances avec piscine, Claire, onze ans à l'époque, avait compris, avant qu'on lui dise, sans personne pour la prendre dans ses bras, ni pour lui mentir et lui promettre des lendemains meilleurs, que sa mère allait mourir. Google a toujours raison, et la mère de Claire était morte trois mois plus tard, sur son lit d'hôpital, en soins palliatifs.

Le père et sa fille demeuraient le plus souvent silencieux devant l'austère stèle de granit vert où seul figurait le prénom de maman, en lettres argentées : « Nathalie ». Bertrand avait refusé de faire graver autre chose, et surtout pas les dates de naissance et de décès de la femme de leur vie. Il n'avait pas le cœur que sa fille fasse et refasse le calcul à chaque visite. Il ne trouverait pas les mots pour expliquer à Claire pourquoi ce putain de cancer pouvait s'en prendre à une femme si jeune, à sa mère et la foudroyer, comme ça, d'un coup d'un seul, à trente-sept ans. Il n'y a pas de mots, juste une loterie absurde, et Nathalie avait perdu, que dire de plus ? Il n'y avait rien à dire. Maman est morte, c'est tout.

Il n'y a pas d'arbres, dans ce cimetière, hormis un if isolé qui se dresse contre le mur de l'église et mord sur le toit. Impossible d'en planter d'autres dans cet espace réduit, les racines auraient tôt fait de perturber le repos des occupants du lieu. Bertrand aurait préféré un cimetière arboré, pour raconter à Claire la longévité du hêtre, du chêne, de l'épicéa, en dépit des fissures et crevasses provoquées par le temps, le rôle des mousses dans la fertilisation des sols ou la mue des érables à l'automne. Mais les rares surfaces boisées que l'on trouve sont des exceptions historiques, le Père-Lachaise en tête, avec ses imposants cèdres du Liban. Et Nathalie voulait demeurer près de leur maison familiale, à portée de promenade.

Alors debout, tous les deux, devant la tombe de celle qu'ils avaient tant aimée et qui leur manquait chaque jour, Claire et Bertrand déposaient les fleurs puis se tenaient la main, le regard perdu dans le vide. Ils partageaient ce moment de recueillement, sans échanger le fond de leurs pensées, avant qu'à tour de rôle l'un des deux murmure « on y va ? », et l'autre d'acquiescer avec un sourire, marquant le retour à la vie. Dix-huit mois s'étaient écoulés depuis que Nathalie les avait quittés. Claire allait fêter ses treize ans bientôt, et comptait déjà derrière elle plus de soixante visites au cimetière.

Samedi 19 janvier 2013, 9 heures

Bertrand et Claire arpentent les allées désertes de l'hypermarché Auchan du centre commercial de Plaisir. C'est une matinée glaciale. Les chutes de neige de la veille ont laissé une pellicule sur les voitures en stationnement et sur les branches des arbres, c'est Noël après l'heure. Les routes sont praticables, l'épisode ayant été largement anticipé par les équipes de la voirie. Le père et sa fille sont demeurés emmitouflés, doudoune, bonnet, écharpe, mais ils ont remisé les gants pour se servir dans les rayons. Le froid transperce les parois de tôle. Tout est hors d'âge dans ce temple de la consommation. Le caddie que pousse Claire aujourd'hui semble aussi vieux que le magasin lui-même, qui n'a pas dû être rénové depuis son ouverture, en grandes pompes, en 1975. Les néons y crépitent, le sol carrelé est grisâtre malgré les tonnes de nettoyant industriel déversées chaque matin, les clients y ont chaud l'été et froid l'hiver, mais pour rien au monde Bertrand et Claire n'iraient effectuer leur ravitaillement ailleurs. Comme chaque samedi, ils sont parmi les premiers clients, présents dès l'ouverture des portes, à 8 h 30. Le centre commercial est à dix minutes du cimetière, et ils s'attachent à se débarrasser au plus vite de cette fastidieuse corvée des courses, éviter l'affluence et ainsi réserver le plus de temps possible pour la floraison de la tombe de Nathalie.

La routine est bien en place, mais Bertrand est stressé ce matin. Il ne prend jamais d'astreinte le samedi, pourtant il a reçu une série de textos et d'appels sur le trajet entre chez lui et le centre commercial. Le vent de la nuit a provoqué des dégâts, et plusieurs arbres sont tombés, dont l'un qui bloque l'accès à la chaudière de l'école municipale de la Queue-lez-Yvelines. Max, l'arboriste-grimpeur de permanence, est requis par une intervention délicate à l'autre bout du département. Les températures sont inférieures à zéro degré, il y a un spectacle de danse dans l'après-midi, la directrice de l'école est catastrophée et le renouvellement du contrat est pour bientôt. Bref, la direction a été claire : elle a absolument besoin que Bertrand se rende sur place, avant midi pour libérer l'accès à la chaufferie et permettre à une cinquantaine de parents de voir leur progéniture se dandiner et chanter « Boucle d'or, boucle d'or, petite fille aux cheveux d'or », les yeux émerveillés, sans cache-col ni bonnet, et sans claquer des dents. Il sait qu'il va devoir y aller, et pour y être avant midi, il faudrait vraiment accélérer le rythme. Bertrand n'aime rien moins qu'être dérangé un de ces samedis matin où Claire et lui rendent hommage à Nathalie. Il a été très explicite sur le sujet avec sa hiérarchie – rien le samedi matin – ou bien ils iront trouver un autre élagueur, qui accepte de grimper sans exiger la présence du camion-nacelle, à l'ancienne, même dans des situations à la limite de l'équilibrisme. Et voilà qu'on le dérange un samedi de repos, merde ! Son téléphone sonne encore du fond de sa poche. Il répond et argumente. C'est inadmissible. C'est remettre en cause l'ordre du monde. Mais il est déjà moins agressif. Le sens du service, malgré tout et puis, d'accord, finalement : ce n'est que pour cette fois, et on lui promet une prime exceptionnelle. Tu parles… Les promesses, il connaît, mais il a dit oui pour les mômes, ils ne vont pas danser en doudoune, quand même. Il respire à fond. Cela ne sert à rien d'enrager : ils ont le temps de passer au cimetière pour peu qu'ils fassent un tout petit peu plus vite que d'habitude. Qui sait ? Avec de la chance, le tronçonnage de ce fichu bouleau sera simple et il ne devra pas laisser Claire seule à la maison trop longtemps.

Les courses sont terminées, toute la liste est cochée. Le caissier scanne les articles un par un, et Bertrand trouve le temps long. Il s'agace, il aurait dû choisir une autre caisse. Sur l'étiquette épinglée au pull, il voit écrit en italique « *stagiaire* ». Il bout, s'impatiente, trépigne. Il regarde Claire, petit bout de femme, si enfant et si adulte, sa chérie, la seule désormais. Elle compte plus que tout pour lui. Il a réglé tous les détails de sa vie pour elle. Vraiment, ça l'agace, cette intervention incongrue.

— Prends les sacs déjà remplis, chérie, et va à la voiture, je te rejoins tout de suite.

— OK, Papa.

Quelques secondes gagnées. Tandis que Claire s'éloigne, il passe de l'autre côté de la caisse, il attrape les marchandises au fur et à mesure, sans distinction, les entasse dans les deux derniers sacs, et voilà, il paye et il peut enfin s'en aller. C'est moins bien rangé que lorsque c'est Claire qui s'en occupe, mais ils auront tout l'après-midi pour y remédier. Il presse le pas, parce qu'il veut retrouver sa fille en point de mire. Ils parcourent toujours cette allée ensemble, et s'arrêtent devant le magasin de chaussures. C'est la seule coquetterie de sa chérie, les ballerines. Claire n'est pas plantée devant la vitrine. Tiens ? Elle aurait pu l'attendre, quand même. Bertrand accélère et franchit les portes automatiques. Le soleil d'hiver, rasant, se réfléchit sur la fine pellicule du givre matinal et l'éblouit. Mais où donc est passée Claire ? Il ne la voit pas dans la ligne droite entre la porte et sa place de parking. Elle aurait oublié où ils sont garés ? Impossible. Il choisit toujours la même place, juste à côté de la rangée de caddies alignés. Où est-elle ? Il s'est écoulé moins d'une minute, depuis qu'il lui a enjoint de rejoindre la voiture. On ne s'évapore pas en une minute. Le cœur de Bertrand s'accélère, il scrute, plisse les yeux, met les mains en visière et regarde partout lorsque soudain il entend, il entend sa Claire hurler « Lâchez-moi » et puis un « Papaaaaaaaaaaa » qui transperce le ciel vide et tranche avec le silence imposé par la neige. Bertrand a localisé le cri. Il lâche les sacs et court, court vers la gauche, de toutes ses forces. Il lui faut à peine quelques secondes pour les voir. Lui, grand, blond, en blouson de jean délavé, cheveux courts, qui entraîne Claire de force, la façon dont il lui tient le bras ne fait aucun doute. Les pieds de Claire touchent à peine terre. Il l'enlève. Il ouvre la portière arrière d'une voiture mais Claire se débat courageusement et l'introduire sur la banquette se révèle injouable tant elle résiste. Bertrand aboie avec violence un « Lâche-la connard ». Le ravisseur se retourne et voit arriver sur lui un homme taillé comme un troisième ligne de rugby. Il lâche Claire d'un coup, tant pis, c'est foutu. Il fait le tour précipitamment de sa voiture et s'y engouffre. Tandis qu'il met le contact, Bertrand continue sa course vers la voiture, rien ne pourra l'arrêter, il doit briser les os de cet enfoiré qui a osé porter la main sur sa fille. Dieu sait ce qu'il avait prévu de lui faire. Il voit Claire sur le sol, qui se relève. Elle n'a rien, du moins rien de visible. C'est vers elle qu'il devrait se précipiter pour la prendre dans ses bras mais rien ne lui semble plus urgent en cet instant que mettre ce salaud hors d'état de nuire. Il entend le moteur démarrer, il est tout près, il faut qu'il l'empêche de partir, qu'il le sorte de sa voiture, qu'il lui flanque une dérouillée avant de le laisser aux flics. Bertrand n'est que rage, tout se joue maintenant, ce n'est plus qu'une question de secondes. Il voit la voiture démarrer à sa gauche, il entend le levier de vitesse qui couine, le conducteur va passer la seconde, il va disparaître, hors de portée, hors de vue. Hors de question, oui, surtout ! Bertrand oblique sa course vers la droite pour lui couper la route. Essoufflé il se redresse de toute sa hauteur et écarte les bras, pantin dérisoire face au véhicule lancé. Il hurle « Arrête-toi » en agitant les bras, avec une détermination telle que ça marche. Le conducteur ralentit. Bertrand devine son visage à travers le pare-brise. Les mains sont agrippées au volant, en position dix heures dix, comme à l'auto-école. Il tourne soudain la tête vers l'arrière, puis renoue le contact visuel avec ce grand gaillard face à lui. Bertrand lit la peur dans ses yeux. C'est gagné. Le reste n'est que bruit et fureur. La voiture bondit, seconde engagée, à fond. Bertrand a juste le temps de voir le losange sur la calandre du véhicule, et il a le réflexe d'esquisser un pas de côté. Il voudrait attraper la poignée de la portière. Mais il n'est pas assez rapide. Le choc est terrible, frontal, fatal. Le conducteur a tourné le volant pour lui foncer dessus, à aucun moment il n'a eu l'intention de l'éviter, au contraire, affirmeront les témoins. Ensuite il file tout droit, empruntant le rond-point à toute allure. Bientôt le vacarme du moteur s'évanouit et il ne reste plus rien. Plus rien que le corps sans vie de Bertrand. Plus rien que le cri de Claire qui se précipite vers son père couché sur la chaussée. Plus rien que le désespoir, le froid qui pique les joues, les courses abandonnées en deux endroits, dans leurs sacs déchirés que le vent fait trembler. Quelques instants de silence, avant le hurlement des sirènes, le ballet des soignants qui descendent des véhicules avec précipitation, débarquent leur matériel dans l'urgence, tout ça pour rien. Il est mort. Les pompiers le savent tout de suite, le médecin du SMUR le confirmera. Mort sur le coup, précisera-t-il, sans souffrir, comme si ça changeait quelque chose. Les urgentistes s'apaisent tandis que les policiers s'activent. Ils sécurisent la scène de crime, établissent un périmètre et appellent l'officier de police judiciaire de permanence, en lui conseillant de faire venir le procureur de la République. D'après les premières constatations, on est plus près de l'homicide volontaire que de l'accident. Le week-end commence bien. Deux témoins, il n'y a que deux malheureux témoins dans ce centre commercial qui doit accueillir des milliers de visiteurs. La petite fille ne dit rien, elle est accrochée au corps de son père et elle pleure sans s'arrêter, sous le choc. Les deux témoins fournissent une description sommaire, mais heureusement commune. Le type est grand, blond, un blouson en jean plutôt clair et c'est tout. Ils ne l'ont vu que de dos, tout est allé très vite, à peine vingt secondes entre le cri de la fille et le bruit sourd de la voiture qui prive de vie son père. La voiture ? Une Mégane blanche, quatre portes, c'est sûr. La plaque ? Rien. Soleil dans les yeux. Jour blanc. Nouvelle immatriculation ou ancienne ? Rien. Rien. Rien. Rien qu'une petite fille qui se dira toute sa vie que son père est mort par sa faute. Pas pour elle. Non, par sa faute, parce qu'elle n'a pas su échapper toute seule à la poigne de l'homme à la veste en jean, parce qu'elle n'a pas fait attention avant de traverser ce parvis, elle aurait dû observer, et elle l'aurait immanquablement vu, ce type, là, qui n'attendait qu'une proie facile. Rien ne saura la consoler. Il était caché, derrière le panneau Decaux, elle n'aurait rien pu faire pour l'éviter. Un homme a essayé de lui voler son innocence, et vient de la priver de son père. Un grand, blond, avec une veste en jean.

Mardi 22 mars 2016, 6 heures

Gustavo rêve. Il se tourne et se retourne dans son lit, avec le désagréable sentiment d'avoir chaud aux pieds, mais froid aux épaules. Il remue la couette dans tous les sens, sans beaucoup d'égards pour sa femme qui, elle, dort paisiblement. Il éprouve une sensation étrange : il se dit qu'il rêve et pourtant il sait très bien qu'il ne se souvient jamais de ses rêves. C'est une grande frustration pour lui, d'ailleurs. Chaque matin il se réveille avec l'impression d'avoir traversé un long tunnel mal éclairé, une forme d'interruption non désirée du son et de l'image, avant de reprendre le fil de sa vie. Il dort ou il est éveillé. Jamais dans cet état semi-comateux, délicieux, ou se mêlent songes et réalité. Ni cauchemar, ni rêves érotiques, ni sensation de rater une marche avec le haut-le-corps qui l'accompagne. Il dort comme il vit, comme il se nourrit, comme il aime, comme il déteste, avec force et simplicité, sans être tourmenté par des interrogations métaphysiques. Pourtant, ce matin, il rêve, il en est sûr. Il rêve que ses voisins crient. C'est étrange. Il habite une maison, il n'est jamais dérangé par le bruit de ses voisins, dont la plupart sont retraités et doivent enfiler des pantoufles quand ils rentrent chez eux. Mais là, il les entend. Des cris et des coups, sourds, répétés. Son rêve est tellement prégnant qu'il est tout à fait réveillé désormais. Gustavo se redresse dans son lit, les yeux grands ouverts, les sens aux aguets.

Le bruit continue, s'amplifie. Des cris, du tam-tam et une sonnerie qui vrille les oreilles. Un rapide regard vers son réveil. Il est 6 heures. 6 heures ? Qui peut bien faire un tel barouf à cette heure ? Pitié, pas aujourd'hui, non, il a une réunion très importante avec la direction générale, il y travaille de manière obsessionnelle depuis deux mois et il a besoin de toute son énergie : chaque minute de sommeil compte. Sophie est réveillée, elle aussi, preuve qu'il n'est pas fou, qu'il n'entend pas des voix. Gustavo décide de se lever, énervé, bien décidé à mettre un terme à cette agression sonore. Dans l'obscurité, il cherche son pantalon, à tâtons, l'enfile tant bien que mal et descend au rez-de-chaussée. Il tient la rampe de l'escalier, il ne s'agirait pas de tomber. C'est bien la sonnette de *sa* maison qui produit ce sifflement strident, sans discontinuer, et c'est bien à *sa* porte que l'on frappe. L'inquiétude l'emporte sur l'agacement et finit de sortir Gustavo de son sommeil lorsqu'il entend, entre deux coups portés sur la porte, un tonitruant « Police, ouvrez, ou nous forçons la serrure ». La police ? Mais pourquoi ? À cette heure ? Un accident dans son entourage ? Qui ? Sa mère aura bientôt quatre-vingts ans, vit dans une résidence médicalisée, et, s'il lui était arrivé quoi que ce soit, il recevrait un coup de téléphone, pas une descente de police. Son père est mort brutalement à Buenos Aires, qu'il n'a jamais quittée, emporté par un infarctus du myocarde, alors que Gustavo terminait ses études à Paris. Quant aux parents de sa femme, eux, ils habitent à Bordeaux et Sophie a parlé à sa mère hier soir au téléphone comme chaque jour, juste avant le dîner. Ses enfants, Martín et Daniel, ne sont pas en âge de faire le mur, ils dorment dans leur pyjama, avec leurs doudous respectifs. À bientôt douze ans pour Martín, Gustavo ne comprend pas qu'il ne se sépare pas de son ours fétiche, mais ce n'est pas le moment de ressasser cette obsession. Les pensées continuent de se bousculer, racket au collège, histoire de drogue ? Il a bien entendu parler de trafic de shit à la sortie, pourvu que Martín ne soit pas impliqué là-dedans. Il presse le pas, pousse un « j'arrive », espérant mettre un terme au vacarme, se fait mal au pied en marchant sur un minuscule cube de Lego qui traîne sur le tapis du salon, poursuit sa progression en maugréant et regarde par l'œilleton pour vérifier que ce n'est pas l'œuvre d'adolescents éméchés de retour de boîte de nuit ou d'agresseurs potentiels. Non, ce sont bien des adultes qui sont là, ils ont l'air nombreux et il voit en arrière-plan des policiers en tenue. Rassuré et angoissé à la fois, il ouvre grand la porte d'entrée.

— Vous êtes bien Gustavo Santini ?

— Heu, oui, de quoi s'agit-il ?

Il y a au moins sept ou huit personnes, là, devant l'entrée. Trois en civil, deux hommes et une femme, avec le brassard « Police » orange enfilé sur leur biceps, et le petit groupe d'agents en tenue qui se tient en retrait. Tous portent un gilet pare-balles et la moitié au moins ont leur arme en main. C'est fichtrement plus grave qu'une histoire à l'école.

— Je suis le commandant Michel Defils, de la DRPJ de Versailles, et je suis accompagné du lieutenant Thierry Lagoutte, et de la lieutenante Sabrina Broussy. Nous avons quelques questions à vous poser, ainsi qu'aux membres de votre famille, et nous devons procéder à une perquisition de votre domicile. Nous agissons sur commission rogatoire signée par le juge Schneider, dans le cadre d'une enquête préliminaire pour tentative d'enlèvement et homicide volontaire. Si vous voulez bien nous laisser entrer.

Que répondre ? Gustavo s'écarte, tête basse, et laisse passer le flux d'agents en tenue dont la moitié se répartit entre les différents espaces du rez-de-chaussée tandis que l'autre grimpe quatre à quatre les marches qu'il vient de descendre avec prudence. Tentative d'enlèvement ? Homicide volontaire ? Perquisition ? Commission rogatoire ? DRPJ ? Des agents armés ? Tout ça pour lui ? Il paye ses impôts, il n'a jamais trompé sa femme, il respecte les limitations de vitesse, même avec son scooter, il ne se drogue pas… Sa réflexion est interrompue d'abord par les cris des policiers qui, un par un, transmettent que « tout est clair » auxquels succède le ton comminatoire du commandant Defils.

— Messieurs, commencez à fouiller le rez-de-chaussée. Vous, monsieur Santini, ne bougez pas, je vous prie. Le lieutenant

Lagoutte va monter à l'étage expliquer à votre femme et à vos deux fils ce qui se passe, ne vous inquiétez pas.

Gustavo aimerait bien qu'on lui explique à lui aussi ce qui est en train de se passer. Comment diable ce flic est-il au courant de sa situation familiale ? Il connaît les prénoms de ses enfants, aussi ? Dans son désarroi, il est soulagé d'avoir enfilé un pantalon, de ne pas être descendu en caleçon. Un agent s'approche de lui et l'informe qu'il doit le fouiller. Gustavo est tellement ébahi qu'il écarte machinalement les bras. Le policier le palpe minutieusement, de haut en bas, et, une fois ses manipulations terminées, le conduit à Defils. Ce dernier lui suggère de s'asseoir. Chez lui. Ils sont chez lui, ils pénètrent en force, le fouillent, et maintenant c'est ce type, là, désagréable, armé, qui lui intime de se mettre à l'aise, sous prétexte qu'il est dépositaire de l'autorité de l'État. Et si je n'ai pas envie de m'installer, hein ? Gustavo garde pour lui cette remarque. Tandis qu'il prend sagement place sur le canapé du salon, en gage de bonne volonté, les agents en tenue ouvrent une à une les portes des placards, déplacent les assiettes, défont les empilements de linge de maison et déplient nappes et serviettes, soulèvent les tapis, décrochent les tableaux des murs, mettant en évidence de larges rectangles blancs, fenêtres improvisées qui rappellent à Gustavo que Sophie a raison, il faudrait repeindre cette pièce pour y mettre une touche de couleur. Ils examinent un à un les livres de la bibliothèque, les feuilletant en direction du sol, espérant qu'un billet secret, une lettre ou tout autre indice y soit dissimulé. Ses livres, ses précieux livres, rangés par collection d'abord, par ordre alphabétique ensuite. Ils sont tous dans un état impeccable, au point qu'on pourrait se demander s'ils ont déjà été lus. Ils finissent, après inspection, entassés sur le sol. Gustavo a l'impression d'assister à un pogrom. Il devrait s'insurger mais il y a peu de chances qu'une indignation mette un terme à ce saccage. Il préfère songer avec condescendance que c'est sûrement la première fois que ces flics sont confrontés à tant d'ouvrages de littérature. Il se dit aussi qu'il y en a pour des heures, à ce rythme, et il est déprimé d'avance à l'idée de devoir tout remettre en place, et de constater les dégâts sur les couvertures de ses livres, une fois que le régiment aura quitté son foyer. Parce qu'il s'agit d'une erreur. Il ne peut s'agir que d'une erreur, c'est une effroyable méprise, ils ont frappé à la mauvaise porte, ces idiots zélés. Pourtant c'est bien par son nom que le commandant s'adresse à lui, l'extirpant de sa spéculation.

— Monsieur Santini, vous êtes bien propriétaire d'une Renault Mégane blanche, un litre cinq, DCI, immatriculée AP-738-BX ?

— Oui, mais…

— Pour le moment, c'est moi qui pose les questions.

— Vous ne voulez pas m'expliquer ce que vous cherchez, ce serait plus simple que de devoir observer vos hommes mettre ma maison sens dessus dessous.

Gustavo s'exprime dans un français parfait, sans une once d'accent. Ses interlocuteurs sont habituellement surpris, qui s'attendent à un accent hispanique prononcé compte tenu de son nom et de son origine argentine qu'il revendique haut et fort chaque fois qu'il en a l'occasion. Il faut dire qu'un Argentin blond, ce n'est pas courant. Defils n'est pas étonné, lui. Il sait, pour avoir passé des heures à écouter ses conversations téléphoniques ces dernières semaines. Il reprend :

— Où est-elle ?

— Qui ça ?

— Votre voiture, la Mégane.

— Ah, elle. Au garage. Je ne m'en sers pas beaucoup.

— Vous pouvez me la montrer ?

— J'imagine que je n'ai pas complètement le choix.

— Effectivement, allez, on y va.

Gustavo se lève, mécaniquement. Il pense à Sophie, à Martín et à Daniel, leurs deux fils. Le lieutenant comment déjà, il a oublié son nom, ça l'agace, est en haut avec eux. Qu'est-ce qu'il peut bien leur raconter ? Sophie est en chemise de nuit, ses deux fils en pyjama et un flic est en train de les cuisiner. À eux aussi ils vont poser des questions à propos de la voiture ? Mais qu'est-ce qu'elle a de spécial, cette automobile ? En quoi justifie-t-elle ce déferlement de forces de l'ordre ? D'autant qu'il ne l'aime pas particulièrement, sa familiale. Il l'a acquise en 2009, à la naissance de Daniel, son cadet, juste après leur emménagement ici, à Marly-le-Roi. Il avait vendu pour rien son antique 106 d'étudiant, qui avait continué à rendre ses bons offices pendant les premières années de mariage. Dès que Sophie avait su qu'elle était enceinte de leur deuxième enfant, elle avait exigé de Gustavo qu'il achète une voiture plus spacieuse, plus sûre, avec des airbags et l'ABS.

Il avait cédé, comme toujours quand Sophie l'entreprend avec une nouvelle obsession, et voilà comment il s'est retrouvé propriétaire d'une Mégane. Il s'en fout de cette voiture. D'ailleurs, comme il le pressentait, ils ne partent presque jamais en week-end tous les quatre, il y a toujours une activité, un anniversaire, un goûter, un dîner, une excuse pour ne pas quitter les habitudes et le pavillon. Oui, à bien y réfléchir, il s'en fout complètement. Surtout si c'est à cause de cette fichue Mégane que la maréchaussée le dérange un jour comme aujourd'hui. Il n'a jamais joué aux petites voitures, enfant, il n'a aucun amour des belles mécaniques. Il aurait pu réclamer un véhicule de fonction, avec ses nouvelles attributions, une voiture plus en rapport avec son statut social, mais il va au boulot en scooter. Sinon il passerait des heures coincé dans les embouteillages : l'A13 le matin est impraticable. Il a acheté un C1, le seul deux-roues avec un toit, qui permet de s'affranchir du port du casque, de rouler en costume et mocassins, ce qui fait de lui la risée des motards. Il explique cela au commandant tout en se rendant au garage. Il est encore pieds nus, le sol est gelé et les graviers lui font mal aux pieds. Il faut passer par la cour pour accéder au garage, attenant au pavillon. Dans la précipitation, Gustavo n'a pas oublié de prendre la télécommande dans le vide-poches sur le guéridon Louis-Philippe de l'entrée. La porte bascule grâce au sésame électronique et les deux hommes pénètrent à l'intérieur. La lumière s'allume automatiquement, un détecteur de présence faisant office de commutateur.

— Vous êtes le seul conducteur ?

— Non, ma femme se sert aussi de la voiture pour les courses, ou pour emmener les enfants aux activités, le mercredi notamment. Le samedi, c'est plutôt moi qui m'y colle.

— Vous avez fait des réparations récemment ?

— Non, pas que je sache.

— Et moins récemment ?

— Heu, maintenant que j'y pense, oui. J'ai eu un accident il y a deux ou trois ans, et j'ai dû remplacer la calandre avant.

— Dans quelles circonstances, cet accident ?

— Une bêtise. Un parking public, vous savez, avec des poteaux qui rentrent dans le sol pour vous laisser passer une fois que vous avez pris votre ticket. Je n'ai pas attendu suffisamment, je devais être pressé, comme d'habitude, ou bien je pensais à autre chose, je ne me souviens plus. Tout ce que je sais, c'est que j'ai avancé trop tôt, trop vite et j'ai quasiment arraché le pare-chocs avec ces plots en acier. Il a fallu changer toute la calandre avant de la voiture.

— Votre femme était avec vous quand c'est arrivé ?

— Non.

— Quelqu'un au parking vous a vu ? a entendu le choc ?

— Pas que je m'en souvienne, c'était en plein milieu d'après-midi et il n'y avait personne.

— Il était dans quel coin ce parking ?

— Ça, je m'en souviens très bien, de ce parking, je l'ai maudit, avec ces plots à la con, au lieu d'une barrière traditionnelle. C'était un de ces parkings indépendants, près des Halles, avec une rampe en colimaçon raide et très étroite.

— Comme c'est pratique. Un parking aux Halles avec une rampe en colimaçon... Très spécifique, tout ça. Nous vérifierons. Vous avez fait une déclaration à votre assurance ?

— Non, ce n'était pas la peine. J'ai toujours été assuré au tiers, donc je n'étais pas couvert.

— Et à la police ? la gendarmerie ?

— Non plus, pour quoi faire ?

— Je répète. C'est moi qui pose les questions. Vous auriez pu signaler le dysfonctionnement des plots.

— Mais ils fonctionnaient très bien ces plots, c'est moi qui étais stressé, à côté de la plaque.

— Vous étiez préoccupé ?

— Je ne sais plus, mais je devais être pressé. Comme toujours. Et pour espérer grappiller quelques précieuses secondes, en réalité on perd des heures.

— En avez-vous parlé à votre femme ?

— Je ne crois pas. Il me semble que je ne voulais pas risquer de me faire engueuler. Ma femme s'énerve souvent de ma maladresse. Ce n'était rien, un incident, pas même un accident. Je l'ai emmenée au garage dès le lendemain matin.

— Où ça ? Quel garage ?

— Je ne sais plus, moi, vers Poissy, je crois.

— Pourquoi si loin ?

— J'ai dû chercher le garagiste le moins cher, je pense. C'est Sophie, ma femme, qui gère le budget familial... Et puis, ah oui, je me souviens, les premiers concessionnaires que j'ai appelés m'ont dit qu'il faudrait des jours, voire des semaines pour une calandre neuve. Alors j'ai appelé des casses, en me disant qu'un avant de Mégane, je pourrais avoir de la chance pour une fois. Avoir la voiture de M. Tout-le-monde, ça peut se révéler utile. Et c'est bien tombé, effectivement, il y avait un gars vers Poissy qui en avait un, et ça a été réparé dans la journée qui a suivi. Mais je ne saurais plus vous dire dans quelle casse c'était.

— Ne vous inquiétez pas, je le sais, ça. Chez Destruction Auto, à Carrières-sous-Poissy.

— Mais comment vous savez ça, vous, alors que même moi je ne m'en souviens pas ? En quoi cette voiture vous intéresse-t-elle tant ?

Gustavo est abasourdi de se dire qu'une équipe de police a tracé la réparation de sa voiture. Ces types connaissent le nom de sa femme, de ses enfants, le lieu où il a fait réparer une broutille il y a plus de deux ans, et puis quoi encore ? Defils ne lui laisse pas le temps de poursuivre et enchaîne :

— On y viendra, Santini, on y viendra. Vous avez conservé une facture ?

— Mais quel rapport…

— Vous avez conservé une facture ?

— Je n'en sais rien, je ne garde pas de papiers. Ma femme range tous ses tickets de carte bleue, et vient régulièrement prendre les miens dans mon portefeuille, je ne sais pas à quoi ça lui sert, alors moi j'ai abandonné et je ne gère plus un papier dans la maison.

— Comment avez-vous réglé ? Par carte bleue, justement ? Il a dû y en avoir pour cher, même dans une casse, non ?

— Comment voulez-vous que je m'en souvienne ?

— Ce serait utile, pourtant, monsieur Santini. Faites travailler votre mémoire.

Defils procède à une inspection minutieuse de la voiture, en ayant pris soin au préalable d'enfiler une paire de gants en caoutchouc bleu électrique. Elle n'a pas été lavée depuis longtemps, ni à l'extérieur ni à l'intérieur. Un rehausseur sur la banquette arrière, des emballages de paquets de gâteaux qui traînent sur le plancher, des lingettes froissées, des miettes sur les sièges, des traces de doigts sur les vitres, un support amovible pour le téléphone, une lampe de poche, un formulaire de constat amiable et le carnet d'entretien empilés dans la boîte à gants. Une voiture de père de famille sans histoire. Bien sûr. Le C1 est rangé à côté, calé sur sa béquille, le pare-brise constellé de cadavres de moustiques. Pas d'établi dans le garage, nulle boîte à outils. Gustavo n'est pas un manuel. Encore un intello qui ne sait rien faire de ses dix doigts, songe Defils.

Gustavo est mutique à présent, il a compris qu'il valait mieux garder ses revendications et ses interrogations pour lui. Il attend, stoïque, pieds nus dans son garage. Il est à la merci de cet homme dont il ne comprend pas ce qu'il lui veut ni ce qu'il cherche. Il tremble. Est-ce le froid qui s'installe ? La peur qui le gagne ? Defils rompt le silence et décide soudain que c'est bon, il en a assez vu. Il le prévient que ses hommes vont venir prendre des photos et fouiller le garage plus minutieusement. Gustavo a le droit d'être présent à chaque étape de la perquisition s'il le souhaite mais, à ce stade, il n'en a cure. La seule chose qu'il voudrait savoir c'est ce qu'on lui reproche, à la fin. Et puis l'heure tourne. La peur panique qui commençait à l'envahir cède la place à l'agacement, à la colère, à l'incompréhension. Combien de temps va durer cette plaisanterie ?

Son cerveau revient à sa préoccupation du réveil. Il a une journée importante devant lui. Gustavo a été promu récemment directeur financier de la filiale française d'un géant suisse de l'industrie pharmaceutique et c'est aujourd'hui qu'il doit effectuer la présentation de son premier projet d'acquisition.

L'enjeu est crucial pour lui, qui va plancher pour la première fois devant tout l'état-major helvétique. Il ne pense qu'à cela depuis deux mois, qu'à ce 22 mars. Il était rentré un soir de décembre à la maison, fier comme un écolier qui aurait été élu délégué de classe, en claironnant la bonne nouvelle à Sophie : c'est lui qui avait eu le job, lui, l'immigré argentin. Directeur financier ! C'était la première fois que la Suisse confiait les cordons de la bourse de sa plus importante filiale européenne à un étranger, au lieu d'envoyer un sempiternel Suisse-Allemand au français approximatif mettre de l'ordre et des principes rigoureux dans une filiale reconnue pour sa créativité mais pas son orthodoxie. Il avait tout de suite mandaté des banquiers pour rechercher une société de biotech qui pourrait compléter le portefeuille de la firme dans l'oncologie. Et, coup de chance, ils avaient identifié une cible potentielle sur laquelle ils pouvaient être les premiers à se positionner. Pour Gustavo, conduire avec succès cette acquisition et son intégration, c'est son marchepied vers la direction générale de la filiale française. L'enjeu de la présentation est de taille : il faut convaincre l'état-major d'investir sept cents millions d'euros ! Il y a travaillé sans relâche, il a mobilisé ses équipes, il a revu les supports de présentation jusque dans les notes de bas de page, il a répété des heures, à voix haute, debout devant la glace de l'entrée, sous l'œil mi-amusé mi-agacé de Sophie. Gustavo est tellement conditionné, tout entier mobilisé vers ce moment, qu'il en oublierait presque qu'il est soupçonné de meurtre. En bon cadre supérieur investi, il ne peut s'empêcher de songer en quittant son garage, toujours accompagné par Defils, à cette réunion et à sa présentation « powerpoint ». La pensée des entreprises se résume en diapositives. Un enchaînement de graphiques compliqués, de projections trimestrielles et un condensé de novlangue, rythmé par les « buzz words » qui font pétiller les yeux des dirigeants : adjacence stratégique, relais de croissance, résultat net, multiples de valorisation, retour sur investissement.

Il devrait s'en foutre, ce n'est rien, cette présentation, en regard de la perspective de devoir répondre d'une accusation de tentative d'enlèvement et d'homicide, mais il n'y parvient pas. Il s'est trop impliqué. Même s'il sent bien que cette tornade matinale n'est pas exactement la meilleure mise en condition pour franchir cette étape avec brio, il n'a pas encore assimilé qu'il ne l'effectuera pas du tout, cette présentation. Que son spectacle est annulé, pas de one-man show, pas d'applaudissements, pas de félicitations, pas de chèque en blanc, pas de pot avec les équipes pour fêter ça. Il n'a rien capté du film qui se déroule sous ses yeux. Il espère encore être dans les temps. Quitter ce pantalon et ce tee-shirt informes, enfiler son habit de lumière, costume gris anthracite, chemise bleu ciel, cravate unie bleu nuit, souliers cirés, et jouer sa partition devant un public exigeant mais conquis, forcément. Il s'en ouvre à Defils et lui demande avec candeur vers quelle heure il pense que « tout cela » sera terminé.

— Vous ne comprenez donc rien, monsieur Santini ? Ou bien vous faites l'idiot ? La commission rogatoire que je vous ai présentée me donne l'autorisation de fouiller votre domicile, de vous interroger vous et les membres de votre famille et de vous emmener dans nos bureaux de la DRPJ de Versailles pour vous placer en garde à vue vingt-quatre heures, pour tentative d'enlèvement et homicide volontaire. Meurtre, en français. Cette garde à vue pourra être prolongée par mes soins, d'un simple coup de fil au procureur, si vous vous obstinez à nier l'évidence. Alors laissez-moi vous dire que votre présentation, votre acquisition, vos centaines de millions d'euros, vos chefs à plumes européens, votre équipe, vos banquiers et tout le barnum, vous pouvez ou-bli-er. Quant à votre numéro de simplet et votre air de vierge effarouchée, croyez-moi, vous feriez mieux de les garder pour les assises.

Les mots du commandant résonnent dans la cour et Gustavo encaisse le coup. Les tremblements reprennent. Il grelotte dans son tee-shirt rouge à l'effigie de Che Guevara avec lequel il dort, son jean tire-bouchonné dont la braguette n'est pas remontée et ses pieds nus. Garde à vue. La lampe dans la figure, la cellule crasseuse avec les ivrognes, les prostituées, les travestis et les voleurs à la tire, les coups sur la tête avec des annuaires, le ballet des inspecteurs et le harcèlement de questions, il passe en revue tous les clichés des films, des séries dont Sophie et lui se repaissent quand les enfants sont enfin couchés. Garde à vue. Un nouvel élément dans ce mauvais cauchemar. Il s'imaginait ingénument que, la fouille ne donnant rien, le commandant et sa troupe allaient finir par battre en retraite et se confondre en excuses. Mais comment va-t-il expliquer ce qui lui arrive au bureau ? À cet instant, il est encore dans la peau d'un innocent que l'enquête finira inévitablement par blanchir. Il est troublé et préoccupé par les moments qui vont suivre, mais il n'imagine pas d'autre issue qu'une libération rapide, un non-lieu, un acquittement, un abandon des poursuites, n'importe lequel de ces termes qui signifiera le retour à la vie normale, boulot, soirées en famille, dîners entre amis et vacances en Bretagne.

Ils sont enfin revenus dans le salon. La température est plus clémente mais l'air semble irrespirable dans ce qui ressemble maintenant à une scène de pillage. Le sol est jonché de livres, de coussins, de bibelots, de tiroirs retournés. Même les DVD ont été sortis de leurs étuis et leurs jaquettes inspectées. Les placards de la cuisine ont eux aussi été vidés, tout comme le réfrigérateur et le congélateur. L'évier déborde de boîtes de conserves, de sachets de biscuits, de condiments, de casseroles, de poêles, de pots de confiture, de briques de lait et de produits ménagers. Des vandales. Gustavo est outré, impuissant, il y en aura pour des jours entiers à retrouver un doux foyer. L'ordinateur du salon a été débranché et placé sous scellés, et les équipes de policiers sont en train d'examiner son PC portable et son iPhone, qui étaient branchés pour la nuit. L'un d'eux signale à haute voix que les accès sont verrouillés. Defils demande à Gustavo quel est le mot de passe du PC, et le code pour accéder au contenu du téléphone. Gustavo a envie de hurler, de foutre tout ce beau monde dehors. Ce n'est plus une intrusion. C'est un viol. Toute sa vie est là, étalée devant lui, par terre, dans un capharnaüm indescriptible, ses enfants et sa femme sont retenus en otage et maintenant on lui prend son PC et son smartphone. Il se sent agressé, humilié, sans justification, sans raison, et ça suffit maintenant. Il y a des limites à la persécution : sa mère a réussi à quitter l'Argentine en 1980, en plein milieu du « processus de réorganisation nationale », le nom attribué au régime par les généraux de la junte militaire, pour donner à son fils unique la chance de vivre en démocratie, et justement pour échapper à l'arbitraire, aux abus, aux dénonciations, à la torture. Gustavo se souvient de la nostalgie de sa mère lorsqu'elle évoquait avec lui la splendeur de Buenos Aires, les floraisons successives des arbres bordant les larges allées, rose pour le lapacho, rouge pour le ceibo avant le flamboyant mauve des jacarandas. S'il ne l'écoutait pas avec suffisamment d'attention à son goût, elle lui prédisait qu'il finirait par se changer en *duende*, horrible gobelin aux yeux haineux et aux dents pointues, doté d'une main en fer et l'autre en laine, maléfique à souhait ! Un sort réservé aux enfants morts non baptisés, ou qui auraient été méchants avec leur mère. Oui, sa mère adorait l'Argentine et elle l'avait quittée. Elle avait choisi la France pour vivre dans un État de droit et donner un avenir à son fils unique. Alors stop.

Il respire un grand coup et répond à Defils, d'une voix assurée, sans colère, déterminée, que, s'il y a un mot de passe sur son PC et pas sur l'ordinateur de salon, c'est que c'est l'ordinateur de sa société, qu'il utilise pour son travail, et qu'il contient une grande quantité de données confidentielles, notamment sur ce dossier d'acquisition. Quant au téléphone, même punition, même motif. Des échanges de mails qui ne concernent que l'entreprise. Alors non, il refuse catégoriquement de lui révéler le mot de passe du PC, et le code du téléphone. Gustavo ne le sait pas, mais la loi et la jurisprudence lui donnent raison. Il s'assied sur le canapé, visage fermé, revigoré par tant d'audace. Il vient enfin de faire preuve de rébellion et il a le sentiment de retrouver sa condition de citoyen libre, et non plus de victime expiatoire. Defils grogne et intime à l'agent d'embarquer la machine et le téléphone. « Rien ne vous y oblige, Santini, mais les services crackeront le mot de passe au bureau. Ce sera plus long, c'est tout, et ce sera retenu contre vous pendant la procédure. » L'agacement de Defils est perceptible. Gustavo savoure cette petite victoire. Répit de court instant car un agent descend triomphalement de l'étage. Il brandit une veste en jean, que Gustavo n'a pas remise depuis des lustres, comme s'il venait de mettre la main sur le Suaire de Turin. Le visage de Defils s'éclaire. Il est 6 h 48 et la journée commence bien.

— Monsieur Santini, décidément, soit vous êtes un imbécile, soit vous êtes un génie. Vous avez eu trois ans pour vous débarrasser de cette voiture et de cette veste, au lieu de ça vous les conservez bien soigneusement. Pour tirer tout ça au clair, nous allons poursuivre cette conversation dans nos bureaux. Vous êtes placé en garde à vue à partir de maintenant, 6 h 49. Mon équipe termine la perquisition de votre domicile, votre épouse signera le procès-verbal. J'imagine qu'elle pourra nous communiquer les coordonnées de votre employeur, qu'on puisse le prévenir de votre absence. Il ne faudrait pas que vos chefs pensent que vous les avez oubliés…

Mardi 22 mars 2016, 6 h 05

Sophie elle aussi s'est levée. Tandis que Gustavo descend au rez-de-chaussée, elle passe par la salle de bains pour enfiler une robe de chambre. Elle perçoit des bribes du dialogue en bas, et le bruit des pas d'une troupe entière qui investit sa maison. Mais que se passe-t-il ? Elle se hâte vers la mezzanine qui domine le salon et constate avec effroi qu'effectivement le rez-de-chaussée est en état de siège. Un policier en tenue lui demande de lui céder le passage, et elle n'a pas le temps de protester que déjà Martín sort sur le pas de la porte de sa chambre, les yeux pleins de sommeil, son ours entre les bras, et vient se réfugier dans ses jambes.

— C'est qui tous ces gens, Maman ?

— C'est la police, mon chéri, ils parlent avec Papa.

— Pourquoi ?

— Je n'en sais rien, mon amour, mais ce n'est sûrement rien de grave. Allez viens, je te ramène au lit, je vais discuter avec Papa et je reviens te voir tout de suite après.

— Mais j'ai pas envie, moi, je vais avoir peur tout seul.

— Il ne faut pas avoir peur, c'est la police. Allez Martín, retourne te coucher, j'arrive.

Ils sont interrompus par le lieutenant Lagoutte qui surgit à son tour sur la mezzanine.

— C'est une bonne idée, Madame. Bonhomme, je suis lieutenant de police, tiens, regarde, c'est ma carte. Tu vois, tu n'as aucune raison d'avoir peur, ta maman a raison. J'ai besoin de parler quelques instants avec elle, alors toi tu vas dans ta chambre et ensuite elle revient te voir très vite.

Sophie embrasse Martín sur le sommet du crâne et l'encourage de la paume de la main. Il tourne les talons et jette un dernier regard au policier avant de rentrer dans sa chambre. Il rabat sa porte sans la fermer, avec le secret espoir d'écouter ce qui va suivre. Lagoutte a observé le manège de l'enfant et vient tourner la poignée. Sophie regarde les gestes assurés du policier. Comme c'est facile de dominer une femme et un enfant qui n'est pas encore adolescent. Il est armé, elle a aperçu l'étui sombre fixé à la ceinture de son jean quand il a écarté les pans de sa veste pour montrer sa carte à Martín. Il se voulait sans doute rassurant, et voilà qu'elle a peur de lui. Qui est cet homme qui se permet de lui donner des instructions, et de s'adresser directement à son fils ? Qui sont ces pandores, en bas, qui commencent leur perquisition et retournent son salon ? Qui leur a donné le droit de violer l'intimité de sa famille de la sorte ? Est-ce le chef, là, en bas, celui qui donne des instructions, le plus âgé de la horde ? Ou bien encore est-ce un « petit juge », dans un bureau, au chaud, qui ne s'est même pas joint à l'équipe de policiers, pour rester le plus loin possible des conséquences, des traumatismes, des bouleversements que sa signature au bas d'un formulaire va engendrer ?

Contrairement à Gustavo, Sophie est de nature angoissée. Elle a grandi dans un milieu modeste, et elle ne craint rien plus que de voir s'évanouir tout ce qu'elle a construit. Elle imagine toujours le pire, quelle que soit la situation. Elle a développé une forme de paranoïa qu'elle estime saine, loin de tout dérèglement psychiatrique. Elle vérifie systématiquement dans les rayons les dates de péremption des produits qu'elle achète avant de les placer au fond de son chariot. Elle part avec quatre heures d'avance quand elle doit prendre un avion, sait-on jamais ? Un attroupement visible, des jeunes assis sur un banc ? Sophie change de trottoir. Un long trajet en voiture ? Elle demande à Gustavo de s'arrêter dans une station-service au bout de dix kilomètres, qu'elle puisse elle-même vérifier que la pression des pneus est satisfaisante, ne pas risquer un éclatement sur l'autoroute. Les factures EDF, les relevés de banque, dématérialisés ? Très peu pour elle. Quand un virus informatique mondial aura balayé l'ensemble du système bancaire, elle sera la seule à pouvoir exiger son dû, avec ses relevés papier à l'appui.

Là, avec ces policiers dans sa maison, elle ne peut s'empêcher d'imaginer le pire. Elle ne sait pas encore de quoi il s'agit, mais cela ne présage rien de bon. Les vibrations sont négatives, et tous les signaux d'alerte atteignent leur maximum chez Sophie quand Lagoutte lui demande de la conduire dans sa chambre.

— Dans ma chambre ? Et puis quoi encore ?

Elle prend soin de ne pas crier, ne pas inquiéter Martín ni réveiller Daniel. Il a décidément un sommeil de plomb, celui-là.

— Sauf s'il y a un autre endroit en haut où nous puissions avoir une discussion tranquille ?

— Je ne bouge pas d'ici tant que vous ne m'avez pas expliqué de quoi il ressort et au nom de quoi il y a une armée dans mon salon.

La détermination de Sophie apparaît sans contestation possible et son hostilité est perceptible dans son attitude, regard direct, mâchoire serrée, bras croisés, droite et raide comme la justice. Elle ne cède pas un pouce de terrain lorsque Lagoutte s'avance un peu plus vers elle. C'est sa famille, sa maison, sa position sociale qui sont menacées, hors de question de plier. Il voit bien qu'elle campera sur cette position tant qu'il n'aura pas un minimum dévoilé son jeu. Il doit s'appliquer à en dire le moins possible, tout en essayant d'« attendrir la viande », belle expression qu'il a entendue dans la bouche de ses instructeurs à l'école de police de Cannes-Ecluses. Il doit s'efforcer de devenir un allié, un recours sinon un confident, mais surtout pas l'ennemi, celui par lequel le malheur arrive.

— Madame Santini, je vais être franc avec vous : votre mari est soupçonné d'homicide volontaire. Avec le commandant

Defils, nous enquêtons depuis de longs mois et nous disposons à ce stade d'éléments suffisamment probants pour qu'un magistrat nous autorise à vous « envahir » ce matin, comme vous le pensez. Tout ce que vous pourrez nous dire sera utile, je dirais même précieux, que votre mari soit coupable ou non. C'est pour ça que j'ai besoin de vous parler, seule à seul. Nous parler, nous assister dans la quête de la vérité, c'est rendre service à votre mari. Aujourd'hui, tout semble indiquer qu'il est celui que nous recherchons. Alors parlez-nous, répondez à nos questions, coopérez avec nous, c'est le meilleur moyen d'épauler votre mari. Je vous en prie, il faut me faire confiance. Aidez-nous à vous aider.

Sophie est ébahie. C'est la surprise qui prédomine, pas la colère ni l'indignation. Gustavo, un meurtrier ? Elle en sourirait presque, s'il n'y avait pas une quinzaine de policiers chez elle. Lui qui ne sait pas même manier un tournevis ou un marteau sans se blesser et crier de douleur comme un enfant de six ans ? Tout ce qu'il sait faire avec ses doigts, c'est taper sur son ordinateur. Il laisse tomber la moitié des objets qui lui passent par les mains tant il est maladroit. Mais avec quoi aurait-il bien pu tuer quelqu'un ?

Sophie s'amuse presque de réagir ainsi. Elle se rend compte qu'elle se pose la question du mode opératoire, au lieu de se demander qui diable Gustavo aurait bien pu assassiner, et pour quelle raison ? Et pour cause. Son homme ne peut pas être un meurtrier. Elle est mariée avec lui depuis douze ans, et elle le connaît par cœur. Il est inoffensif. Il fuit toute forme de confrontation ou de violence, voire de sensation forte, pour leur préférer le travail, la lecture, la contemplation d'une nuit étoilée ou les jeux de société, de préférence faisant appel à la réflexion plutôt qu'au hasard. C'est le dernier adulte de moins de quatre-vingts ans sur Terre qui fasse encore des mots croisés… Alors Sophie éclate de rire, d'un rire nerveux, compulsif, irrépressible.

— Gustavo, un assassin ? Mais vous êtes complètement à côté de la plaque, monsieur l'inspecteur !

— Lieutenant, Madame, Lieutenant.

— Alors vous êtes fou, Lieutenant !

— Je vous assure que je suis sain d'esprit. Le commandant Defils l'est aussi, et le juge Schneider tout autant. Mais je vous en prie, vous allez m'expliquer pourquoi nous sommes dingues. Pas sur le balcon, allons dans votre chambre, maintenant.

Le ton devient moins sirupeux, l'autorité reprend ses droits.

— Laissez-moi au moins mettre un peu d'ordre avant.

— Non Madame, désolé. Je ne peux rien vous laisser toucher avant que mes collègues aient fini de procéder à la fouille complète.

Fouille, je t'en ficherais, moi, de la fouille. Souk, chaos, foutoir, bazar, capharnaüm, bordel, binz, appelez donc les choses par leur nom, songe Sophie avant de s'exécuter et de laisser entrer le lieutenant dans sa chambre, enfin, leur chambre à Gustavo et elle. Sensation étrange que celle de suivre ce jeune homme de dix ans de moins qu'elle, et de le laisser observer le tableau de leur intimité : draps défaits, oreillers déformés, la paire de chaussettes sales de Gustavo au pied du lit, les habits en boule sur la chaise qui occupe le coin de la chambre, une serviette de bain par terre, masque Air France peluché et boîte de boules Quies sur sa table de nuit à elle, piles de romans sur le sol et deux réveils. Sophie rentre les épaules et resserre les pans et la ceinture de sa robe de chambre, comme si, d'un coup, elle se sentait nue. Elle va ouvrir les rideaux pour laisser passer la lumière. Les deux protagonistes, face à face, font le choix de rester debout. La chaise est occupée et le lit un espace tabou.

Tandis que Lagoutte extrait de sa poche un carnet à spirale, il entame la conversation par un sujet anodin, et questionne Sophie sur la présence des réveils sur les tables de nuit. Il établit un parallèle entre ces objets anachroniques et les pellicules photographiques. Naguère il y en avait dans tous les tiroirs, rangées dans leur tube en plastique, avec un bout de pellicule qui dépasse pour les vierges, non encore utilisées, et un cylindre bien net pour celles qui n'attendaient que d'être développées pour livrer leurs images. Et puis un jour, sans prévenir, elles ont disparu, pschitt. Plus une pellicule dans les perquisitions, plus un magasin de développement, plus de distributeur automatique, rien. Comme ça, du jour au lendemain. Il pensait qu'il en était de même pour les réveils. Depuis qu'il est sur le terrain, il n'en a vu qu'au domicile des personnes âgées, et il s'étonne d'en voir deux, ainsi face à face, chez des gens « modernes ». L'artifice fonctionne et Sophie se met à parler. Elle se livre, s'ouvre. Lagoutte a raison, elle le lui accorde, ils sont le reflet d'un autre temps, mais n'était-ce pas une période bénie, à bien y réfléchir ? Au moins commençait-on sa journée par ouvrir les rideaux et regarder le temps qu'il faisait, en vrai, au lieu d'ouvrir une fausse fenêtre pour consulter une application météo. Sophie s'emballe. Elle déteste ces écrans plasma qui ont pris tant de place dans leur vie. Elle a tenu bon pour Martín jusqu'à son entrée au collège, au prix d'une bataille quotidienne, et elle n'a pas cédé sur les consoles. Pas de Xbox, pas de PSP, pas de DS, pas maintenant, pas à Noël, jamais, pas chez eux, point. Elle poursuit sa diatribe, en expliquant qu'elle refuse l'intrusion des ondes dans leur chambre à coucher, pas question d'augmenter les risques de cancer du cerveau. Lagoutte est effondré par tant de ringardise mais il feint à merveille l'écoute active, hochant la tête avec conviction au rythme du défilement des arguments d'arrière-garde ou complotistes. L'important est de l'inciter à s'exprimer, alors il prend son mal en patience, la laisse parler en ayant soin de ne pas l'interrompre. Sophie est lancée, elle parle, elle milite, elle défend ses positions en plaçant l'intérêt et le développement de ses enfants au cœur du débat. Moins d'écrans, c'est moins de risques, un meilleur cycle d'apprentissage, une stimulation de la mémoire. Et voilà. Lagoutte n'attendait que cela. La conversation est arrivée sur le terrain de la famille. Il peut rebondir et enchaîner sur ce qui l'intéresse vraiment. Il lui demande de raconter sa vie en quelques mots, qui est Gustavo, comment ils se sont connus, et de lui brosser le tableau de leur vie familiale d'aujourd'hui.

Sophie détourne le regard, rassemble ses pensées. Elle est piégée, elle le sent, elle s'est emballée alors qu'elle aurait dû se taire, se rendre inaccessible, inexpugnable. Comme elle s'en veut ! Elle meurt d'envie de lui demander ce que ça peut bien lui foutre, son enfance, sa rencontre avec Gustavo, sa vie familiale, hein, puisqu'il est là, à essayer de la détruire, de la salir, de la piétiner, alors qu'il arrête avec ses circonvolutions et qu'il en vienne au fait, plutôt que de tortiller, de contourner, de bavarder comme s'ils avaient quoi que ce soit en commun. Elle se rend compte aussi que sa colère serait contre-productive, alors elle ravale sa fierté et s'exécute d'une voix blanche, non sans avoir au préalable demandé à Lagoutte s'il préférait la version courte ou la longue. À votre guise. Soit. Ce sera la courte, dans ce cas. Sophie ne sait pas combien de temps il lui reste avant que les enfants ne rappliquent dans sa chambre, enfin, dans la chambre qu'elle partage avec un policier, là. Dès que Daniel sera réveillé, il refusera de la quitter, aucune chance de l'envoyer jouer ou patienter ailleurs. Sophie raconte. Son histoire d'amour, son union avec le père de ses deux fils, son existence même, elle résume tout cela en quelques mots, d'un ton monocorde. Elle débite un enchaînement de faits, sans couleur, sans odeur ni saveur, sans émotion. Récit chirurgical d'une vie qu'elle rend banale, prévisible, médiocre, presque laide, à l'image de ce matin glauque.

Fille unique d'un cordonnier et d'une couturière, elle a grandi dans le centre de Lisieux. Elle pourrait partager sa douleur de fille unique, témoin impuissant de deux parents qui s'engueulent à longueur de journée sans trouver la force de se quitter, mais à quoi bon ? Une enfance sans histoire, école, collège, lycée, autre chose, Lieutenant ? Non. Elle poursuit. Elle est montée seule à Paris, après son BTS d'assistant manager passé à Caen, trop de pluie en Normandie. Elle préfère invoquer la météo que sa volonté d'échapper à sa condition, de fuir la présence étouffante d'un père jamais content et sa mauvaise conscience d'avoir abandonné sa mère en environnement hostile. Elle enchaîne. Elle a trouvé un premier emploi, un remplacement de congé maternité et, coup de chance, son contrat a été converti en CDI. « Executive assistant ». Elle a eu trois patrons successifs avant de tomber sur Gustavo. Et oui, elle était son assistante, c'est comme ça qu'elle l'a rencontré. Et oui, elle l'admirait, comme une jeune écervelée. Et non, rien à voir avec le pouvoir et l'argent, pas la peine d'être méprisant, Lieutenant, ne me regardez pas comme si j'étais une imbécile ou une arriviste. Non, voyez-vous, j'ai été touchée par son intelligence, sa discrétion, sa maladresse, et sa gentillesse. Qu'il soit plus riche que tous ceux qu'elle avait rencontrés jusqu'alors ne gâchait rien, mais Sophie veut éviter de conforter le lieutenant dans ses certitudes.

Elle explique : depuis son CDD, elle avait travaillé plutôt avec des profils de mâle alpha, jamais un mot aimable, regard concupiscent qui scanne de haut en bas la jolie secrétaire pour voir comment elle s'est habillée ce matin, injonctions contradictoires permanentes, instructions pour élève de niveau CM1, surnoms condescendants se substituant à son prénom, le lot de tant de ses collègues. Avec Gustavo, au contraire, elle avait découvert la collaboration, le respect, la courtoisie, la galanterie. Et elle était tombée amoureuse. Midinette, sûrement, Lieutenant, mais arriviste, non. Le terme exact aurait plutôt été devenue amoureuse, que tombée, mais qu'à cela ne tienne. Elle l'aime, Gustavo, de tout son cœur, et c'est tout ce qui compte. Elle n'a pas besoin de partager la complexité du développement de son sentiment amoureux avec ce policier encore jeune, pour qui on aime ou on déteste, point barre. Sophie se cantonne aux faits. Elle décrit un Gustavo ambitieux, qui passait le plus clair de son temps à travailler et s'employait à gravir les échelons plus vite que les autres. Uniquement sur son mérite propre, pas à renfort de complots ou de coups tordus, il n'est pas comme cela. Elle l'avait embrassé à une soirée de Noël, encouragée par un début d'ivresse, derrière le panneau qui dissimulait le vestiaire, loin des regards du reste de la boîte. Et puis plus rien. Il s'était encore écoulé trois mois de gêne réciproque, de scrupuleux évitements de toute forme de contact physique, avant qu'il ose l'inviter à dîner, pour la remercier de son aide sur un dossier difficile. Cette fois il avait sorti le grand jeu, restaurant, champagne, visite nocturne à Beaubourg, et elle avait patienté jusqu'à ce qu'enfin il se décide à lui proposer un dernier verre, chez lui. Sophie passe vite à la suite, elle a le sentiment d'en avoir trop dit, tout à coup. Voilà, ils ont ensuite dissimulé leur relation au boulot, mais la situation est vite devenue ingérable.

Elle songeait à postuler pour une autre affectation, voire à quitter l'entreprise, quand elle est tombée enceinte. Sans intention, c'est arrivé, c'est tout, Lieutenant, ajoute Sophie à l'adresse de Lagoutte dont le regard blasé l'agace tout à coup. Gustavo est très religieux, poursuit-elle, et il n'était pas question pour lui de ne pas assumer cette paternité. Il a accueilli la nouvelle avec joie, sans arrière-pensée, et voilà comment leur vie à deux s'est inscrite dans la durée, et qu'ils ont choisi de s'unir, pour le meilleur et pour le pire. Le policier sait très bien qu'il est bigot, Gustavo. Il est même le chouchou de la paroisse, d'après l'enquête de voisinage et les discussions avec le père Benoît.

Lagoutte se garde d'interrompre Sophie à ce sujet. Si elle croit que sa référence à la religion va aider son mari, tant mieux. Il en a vu passer, des tordus qui allaient à la messe ! Suite du récit, en accéléré. Ils se sont mariés en Normandie, au château de Carsix, à trente kilomètres de Lisieux. Gustavo aurait préféré que le mariage se déroule en Argentine, « chez lui » comme il disait encore parfois, mais Sophie avait eu gain de cause : sa famille n'avait pas les moyens de se déplacer et puis chez lui, c'était ici désormais. Ce fut donc le pays d'Auge plutôt que celui du tango. Sophie sourit à l'évocation du jour de la célébration, alors que lui reviennent à l'esprit les taquineries de ses amies sur son ventre arrondi, ce sera un sacré prématuré, et sur le fait qu'elle n'était quand même pas très douée, pour avoir réussi à mettre la main sur le seul Argentin blond, incapable de danser le tango… Lagoutte note. Le sourire s'efface, Sophie revient à son récit, elle est avec un flic, pas avec un ami.

Naissance de Martín, et pas le courage de l'abandonner aux mains d'une nourrice à l'issue du congé de maternité. Elle décide d'arrêter de travailler, encouragée par Gustavo. Douze ans déjà, et elle ne regrette pas. Pour rien au monde elle ne reprendrait un travail de bureau. Elle apprécie sa vie de mère au foyer, et elle s'implique dans le tissu associatif local. Elle a deux « filleuls », scolarisés à Trappes, qu'elle aide à faire leurs devoirs le mercredi après-midi, et qu'elle accompagne à des sorties culturelles. Lagoutte s'en fout de ses activités caritatives de bourgeoise oisive qui veut se donner bonne conscience. On avait dit la version courte. Il la remet sur le fil, avec tact. Martín grandit mais il n'a pas de petit frère ou de petite sœur. Gustavo comme elle sont enfants uniques, et voudraient à toute force une fratrie. Autant la première grossesse a été inattendue, autant la deuxième est espérée avec ardeur, mais se fait attendre. Il faudra six ans, des espoirs, des déceptions et des traitements médicaux pour qu'enfin Daniel pointe le bout de son nez. Pendant ce temps, Gustavo a continué à progresser au sein de la société, passant de contrôleur de gestion à responsable financier d'une aire thérapeutique avant d'être promu directeur financier France. Ils se sont agrandis, et installés à Marly-le-Roi, dans cette rue Alexandre Dumas, cossue et tranquille. Enfin, ça, c'était avant. Avant que la maréchaussée déboule pour tout chambouler. Sophie est amère maintenant, et lasse. Elle conclut en précisant qu'il n'y a rien de particulier dans leur vie, un couple comme tant d'autres, enfin, pas vraiment. Ils s'aiment, ils sont bénis d'avoir des enfants faciles et en bonne santé, ils n'ont jamais été touchés par le chômage, bref, ils font partie d'un tout petit nombre de privilégiés, et elle le sait bien. Elle songe qu'il est utile de le préciser, pour ne pas froisser le fonctionnaire pour qui une maison comme la leur représente certainement un tas d'années de solde.

— Et sexuellement ?

— Pardon ?

La brutalité de l'interruption, son ton, son incongruité surprennent Sophie.

— Vous m'avez bien compris, madame Santini. Je voudrais savoir comment ça se passe entre vous, au lit. Vous avez encore des relations sexuelles ? Votre mari a des attentes particulières ? Avez-vous le sentiment de le satisfaire ? Est-ce qu'il a évolué ces dernières années dans ses désirs, ses fantasmes ?

— Je dois vraiment répondre à ça ? Quel rapport avec un homicide ? Vous m'avez bien parlé d'un soupçon d'homicide volontaire ?

— Répondez.

Sophie est ulcérée. C'est obscène, odieux, indécent ! Pourquoi ce Lagoutte aborde-t-il ce terrain, soudainement, comme ça ? Quand il a parlé d'homicide volontaire, elle a traduit meurtre, coup de feu, poignard, strangulation, coup de colère. Pas son Gustavo, clair et net. Impossible, il ne ferait pas de mal à une mouche. Maintenant on ajoute aux images mentales le viol, des pratiques sadomasochistes, suivis d'un meurtre pour camoufler, effacer ses traces, disparaître. Paradoxalement, son inquiétude monte en flèche. Gustavo est incapable de violence dans un cadre de société « normal », elle le sent, elle le sait. Alors un assassinat prémédité ? Non. Un coup de colère ? Encore moins ! Elle en est convaincue, et rien ne la déstabilisera sur ce terrain. Mais qu'en est-il de ses pulsions intimes ? Connaît-on jamais tout de celui avec qui l'on vit ? Au lit, avec elle, il a toujours été doux, attentionné, délicat. Il ne lui a jamais proposé de jeux qu'elle considère comme déviants, de l'attacher, de l'aveugler, de la claquer ou de pratiquer une quelconque forme d'échangisme. Jamais ? Ce n'est pas tout à fait exact. Il a évoqué une fois la sodomie, et elle l'a rembarré avec fermeté, pas son genre, pas son envie, fin de la discussion. Elle s'en souvient, elle avait été choquée de cette proposition et sa réaction avait dépassé ses intentions. Gustavo s'était renfermé comme s'il avait pris un coup de règle en fer sur le bout des doigts et n'avait plus jamais évoqué le sujet. Et si elle en avait fait un frustré ? Un type capable d'agresser une femme dans la rue, de l'enculer avant de la tuer ? Merde, merde, merde. Non. Impossible. Pourtant ses neurones continuent à s'agiter et lui présentent la longue liste des faits divers sexuels attribués à de braves pères de famille, bien sous tous rapports. Elle ne retient pas les noms, mais elle sait qu'à chaque fois pour elle c'est un choc.

— Madame Santini ?

— Écoutez, Lieutenant, nous avons une vie sexuelle normale, sans déguisements, sans accessoires, juste mon mari et moi, que du bio, et nous nous en sortons très bien merci.

— Quelle fréquence ?

— Mais vous me faites chier, à la fin, merde !

— Restez polie, madame Santini. Une fois par jour ? une fois par semaine ? une fois par mois ?

— Je ne sais pas, moi, je n'ai pas un agenda dans lequel je note nos performances. Deux à trois fois par mois, ça vous va ?

— Moi ça ne me suffirait pas, personnellement, mais si c'est votre réponse je la note.

Le lieutenant s'en veut dans la seconde où ses paroles résonnent. Quel con ! Tout ça pour ça. Et voilà, il n'a pas pu se retenir de sortir son bon mot, sa petite phrase, une plaisanterie douteuse. Une heure qu'ils discutent, elle avait pris confiance. Même si elle se montrait énervée à l'idée de devoir évoquer sa vie sexuelle, c'était le sujet qui l'agressait, pas l'officier de police en face d'elle. En un mot il vient de briser la fragile proximité qui s'était installée sans qu'elle en prenne conscience. Reprendre la conversation va être compliqué maintenant, il va lui falloir embrayer sur un mode « interrogatoire », une question, une réponse, oui, non, je ne sais pas. Il s'en veut mais il est sauvé par le gong. Il est 7 heures, et l'un des deux réveils retentit. Sophie se penche pour l'éteindre, et tourne autour du lit pour aller annuler la sonnerie du suivant. Elle est suffisamment réveillée, ce matin, elle n'aura pas besoin d'un rappel. En revanche, la sonnerie est le signe que l'heure tourne.

— Excusez-moi, Lieutenant, mais on va s'arrêter là pour l'instant, il faut que je m'occupe de mes garçons, je dois les préparer pour l'école.

— Restez ici, je vais voir où en est ma collègue Sabrina.

— Comment ça, votre collègue ? Il y a quelqu'un qui parle à mes enfants, là ? Sans moi ? Mais vous vous foutez de ma gueule, vous n'avez pas le droit.

Sophie se précipite vers la porte de sa chambre. Lagoutte bloque l'accès en se plantant devant le chambranle, bras écartés, et lui enjoint de se calmer. Elle n'ira nulle part, désolé. Et oui, ils ont le droit d'interroger les enfants sans la présence de leurs parents. Le lieutenant Sabrina Broussy a passé quatre ans à la brigade des mineurs à Paris avant de rejoindre la PJ de Versailles, elle sait s'y prendre avec les gamins. Si Sophie veut voir ses enfants, le mieux est qu'elle patiente tranquillement, sans hausser le ton ni risquer l'outrage. À défaut, elle pourrait se retrouver menottée chez elle, et personne n'a envie d'en arriver à cette extrémité. Sophie s'assied sur le lit, abattue. Rien ne lui sera épargné. Le lieutenant entrouvre la porte de la chambre sans quitter Sophie des yeux, et demande à deux gardiens de la paix de monter et de le rejoindre.

— Madame Santini, je vais voir où en est le lieutenant Broussy avec vos fils, et je reviens vous chercher. Vous allez voir vos enfants, ne vous inquiétez pas. En attendant, je ne peux pas vous laisser seule. Les deux agents vont en profiter pour commencer la perquisition de la chambre. Vous m'avez compris ?

Il a adouci le son de sa voix. Rien de tel pour faire enrager Sophie encore plus. Il la prend pour une demeurée, maintenant, pour une pauvre petite chose fragile. Elle a envie de hurler, de l'insulter. Connard. Saleté de flic. Fouille-merde. À quoi bon ? Avec tout ça, elle ne sait toujours pas ce qu'on reproche exactement à son mari. Un meurtre, certes, mais à caractère sexuel, oui ou non ? Elle est gardée dans l'incertitude, à dessein manifestement. Impuissante. Il ne sert à rien de s'emporter. Sophie acquiesce sans le moindre signe de rébellion à l'autorité, citoyenne modèle, et les policiers investissent la chambre. Elle quitte sa position assise sur le lit. Parce qu'ils vont retourner le matelas, forcément. Sophie bout intérieurement. Et pourquoi ne pas l'éventrer d'un coup de couteau sur toute la longueur, comme de vulgaires cambrioleurs, tant qu'on y est ? Allez-y, ne vous gênez pas, les pandores, videz mes tiroirs, soulevez mes culottes, cherchez dans mes crèmes antirides, renversez ma poudre Terracotta, retournez mon intimité, vous voulez que j'ouvre mon peignoir, aussi, histoire de vérifier que je n'ai rien caché entre mes cuisses ? Elle est à la fois vidée, résignée, inquiète, et très énervée. Où en est Gustavo, avec tout ça ? Elle s'enquiert de son mari auprès des deux agents. Elle voudrait le voir, elle a besoin de le voir, de l'entendre, de le toucher. Impossible, Madame, il est parti à la DRPJ, à Versailles, avec le commandant. Parti ? Mais comment ça ? Oui, Madame, il est placé en garde à vue et ça risque d'être long. Je vais pouvoir le voir ? Non, Madame, impossible, pas avant la levée de la garde à vue. Mais quoi, il est parti pieds nus ? demande-t-elle en jetant un œil aux chaussettes au sol. Il n'est pas remonté, et tous les vêtements sont à l'étage. Non, lui répond l'un des deux agents, il a pris des tennis dans le grand placard de l'entrée.

C'est donc ça, vivre un cauchemar éveillé : en une heure, son mari lui a été enlevé et ses fils sont retenus en otage.

Mardi 22 mars 2016, 6 h 55

Defils s'est installé au volant de la voiture de service après avoir logé Santini sur la banquette arrière, sous escorte. Personne d'autre que lui ne va ramener ce saligaud au bureau. Il savoure cet instant de silence, les mains sur le volant, avant d'actionner le démarreur et de se diriger vers Versailles, dans le vacarme des deux tons du gyrophare. Trois ans d'enquête. Trois ans que Defils tourne et retourne chaque élément de cette affaire dans sa tête. C'est probablement sa dernière, avant la retraite. Trente-deux ans de service, toujours sur le terrain, dont vingt-cinq à la police judiciaire. Inspecteur, puis inspecteur principal devenu capitaine à la réforme des grades de police en 1995, avant de passer commandant en 2001, juste après les attentats du 11 Septembre. Officier modèle, une carrière rectiligne, des résultats, pas de bavure, et l'appréciation de ses équipes. Il aime la traque, la résolution d'énigme, relier les points, remplir les blancs, reconstituer les tenants et aboutissants pour échafauder une histoire qui se rapproche le plus possible de la réalité. Il a renoncé à la recherche de la vérité, c'est inatteignable. Trop pur, trop parfait. On ne connaît jamais avec certitude tous les tenants et aboutissants d'une affaire. On s'en approche, le plus près possible, par touches, comme dans un tableau impressionniste. Il n'est ni agressif ni peureux. Jamais un coup de feu tiré, mais trois blessures, dont une sérieuse, à l'arme blanche, et la médaille du courage décernée par le préfet à sa sortie de l'hôpital. Malgré les encouragements de sa hiérarchie, il s'est longtemps refusé à passer le concours de commissaire. Trop accaparé par le terrain, pas le temps ni l'envie de se plonger dans les bouquins. Et quand il a fini par y songer vraiment, la limite d'âge de quarante-quatre ans était juste devant lui. Trop tard. Mais pas de regrets, il s'en fout, il est bien mieux avec ses troupes. Il forme de jeunes lieutenants qui finissent par devenir grands pour peu que les petits cochons ne les mangent pas, et il aide les capitaines à devenir commandants à leur tour. Parmi ses ouailles, trois ont même été promus commissaires, et il en est comblé, pas jaloux.

Tout comme il est fier d'être l'un des rares dont le mariage a survécu aux exigences et aux difficultés d'une carrière dans la police judiciaire. Bien sûr ils eurent des orages, mais Defils est toujours avec sa femme, et il est heureux en ménage. Delphine, son épouse, est son socle, et leur relation le dernier rempart face aux ignominies auxquelles il est confronté dans son quotidien. Elle est son amie, son amante et sa confidente, d'autant qu'elle se passionne pour ses affaires, au lieu de lui reprocher d'y consacrer tant de temps et d'investissement personnel. Elle l'encourage à partager ses doutes, ses réflexions, les problèmes qu'il n'arrive pas à résoudre. Et Defils apprécie de réfléchir tout haut avec elle, bien plus qu'avec sa hiérarchie, parce qu'elle ne lui donne jamais d'injonction, ne lui met pas de pression mais l'écoute attentivement, pointant les lacunes ou les incohérences de raisonnement. Elle le questionne, le challenge, le bouscule, l'incitant à creuser plus profond tel ou tel sillon ou à abandonner une piste sans issue. Elle travaille comme psychologue dans des services d'aide à l'enfance, une forme de compensation sans doute : ils n'ont pas eu d'enfants, la faute à des trompes de Fallope obstruées d'abord, et à pas de chance ensuite avec une succession de fécondations in vitro qui n'ont pas fonctionné. Une suite d'espoirs déçus qui a fini par les rapprocher encore plus. Cette absence d'enfants dans leur foyer explique probablement que leur couple ait tenu bon malgré les planques, les attentes, les blessures, les coups tordus des galonnés ou du parquet et tout ce qui accompagne une carrière de flic. Les soirs où Michel est à la maison, Delphine réclame un point sur les affaires en cours et le chevronné commandant de police judiciaire s'exécute, sans avoir le sentiment d'être convoqué au rapport.

Ils ont beaucoup échangé à propos de l'affaire Bertrand Dalmas. Trois ans qu'elle fait partie des séances du soir avec Delphine sur les affaires en cours et que quasiment chaque exposé se termine par « rien de probant ». Defils était de permanence ce samedi-là à la DRPJ. Pas de règlement de comptes à la sortie des boîtes de nuit la veille, la matinée s'annonçait calme. Jusqu'à ce coup de téléphone d'une voiture de patrouille depuis le centre commercial de Plaisir. Un mort. Les agents arrivés les premiers sur les lieux avaient eu tôt fait de privilégier la thèse de l'homicide, et avaient appelé la brigade criminelle sans tarder : deux témoins mentionnaient une accélération, il n'y avait aucune trace de freinage sur la chaussée, le conducteur avait filé comme une balle après le choc, on n'était pas face à un tragique accident mortel mais bien en présence d'un meurtre.

Defils se souvient avec précision de la scène, véhicules garés en quinconce, gyrophares, cordon de sécurité installé à la va-vite, badauds massés derrière, observant les hommes de la police scientifique en combinaison blanche, le tout sous la lumière rasante qui éclairait la dalle du parking du centre commercial de Plaisir, encore recouverte d'une fine pellicule de givre. Comment pourrait-il oublier cette petite fille qui se refusait à abandonner le corps sans vie de son père, la tête posée sur son thorax comme si elle attendait que le cœur reprenne ses battements, ses grands yeux noirs débordant de larmes, et ses mains tellement crispées sur le blouson de cuir usé que les jointures en étaient blanches ? Les pompiers, arrivés les premiers sur les lieux, avaient écarté Claire par la force mais il ne leur avait pas fallu longtemps avant de constater le décès, sans espoir aucun de réanimation. Claire, ayant entendu les échanges, s'était précipitée à nouveau sur le corps sans vie et personne n'avait eu le courage de l'en dissuader, pas même la police scientifique. Elle ne semblait pas blessée, et pourquoi l'empêcher de démarrer son deuil ? C'est Defils qui avait dû l'entreprendre, avec une douceur et une patience infinies, pour l'éloigner de la dépouille de Bertrand et laisser le champ libre aux photographes dans un premier temps, puis aux ambulanciers. Le corps avait été ensuite recouvert, avant d'être placé sur un chariot puis évacué direction la morgue de Montigny-le-Bretonneux.

Au cours de cet échange, Claire avait fait promettre à Defils, avant de dégager le passage, qu'il trouverait l'assassin de son père. La gamine, l'orpheline désormais, en avait fait la seule condition de sa reddition et, malgré le chagrin, malgré les hoquets qui soulevaient sa poitrine, sa détermination était indiscutable. Elle ne bougerait pas tant qu'il n'aurait pas promis, craché, juré. Il s'y était engagé, contre toutes les consignes, contre les usages, contre les années de son expérience accumulée, contre toute forme de bon sens. Comme si un chirurgien promettait avant l'opération d'une tumeur au cerveau qu'il allait sauver la vie de son patient ! Jamais. On promet qu'on va faire de son mieux, donner le meilleur de soi-même, mobiliser l'équipe idéale, attribuer des moyens, remuer ciel et terre, mais s'engager ainsi sur un résultat devant une victime traumatisée ? Folie, voire faute professionnelle. Defils le savait au moment où il prononçait ces mots – Je te le promets – et pourtant il jura. Claire et lui étaient désormais liés non pas par une relation de plaignant à force de l'ordre, mais par un lien bien plus prégnant, un serment solennel, un pacte scellé au-dessus d'une dépouille.

Orpheline à quelques jours de son treizième anniversaire, Claire avait été confiée à la garde d'Alexandra Dalmas, la sœur aînée de Bertrand, que le conseil de famille avait légitimement désignée comme tutrice. Elle avait dû quitter les Clayes-sous-Bois, abandonner sa chambre d'enfant, la maison dans laquelle elle avait grandi avec son père et sa mère, pour aller s'installer dans un appartement impersonnel à Clamart. Sa tante avait choisi d'accueillir Claire chez elle et de vendre la maison de Bertrand et Nathalie, afin que Claire puisse bénéficier d'un pécule pour ses études. Nouvel environnement, nouveau collège, nouveaux amis, nouveauté aussi avec des séances de psychothérapie pour atténuer le choc, mais Claire restait fidèle à l'engagement pris vis-à-vis de sa mère et retournait aux Clayes-sous-Bois avec sa tante au moins deux fois par mois. Elle fleurissait à présent deux tombes, côte à côte. Autant c'était la nostalgie et la mélancolie qui prédominaient lorsqu'elle fleurissait la sépulture de sa maman, tenant son père par la main, autant une forme de colère commençait à se développer depuis qu'il fallait fleurir aussi la tombe de son papa, emporté non pas par malchance, lui, mais bien par un homme, une ordure, un salaud, un grand blond avec une veste en jean, qui devrait payer un jour ou l'autre.

Claire et sa tante rendaient régulièrement visite à Defils dans ses bureaux à Versailles. Une forme de complicité s'était développée entre le commandant et l'orpheline. Au début de l'enquête, Claire avait surtout été mise à contribution pour établir un portrait-robot. Elle décrivait un individu grand, blond, un peu frisé, les yeux bleus, et c'est à peu près tout. Aucun signe distinctif, est-ce que le nez était droit ou de travers, le front tombant ou dégagé, les sourcils fins ou broussailleux, les joues creuses ou charnues, les oreilles discrètes ou décollées, Claire n'arrivait pas à dépeindre le visage de son agresseur avec des mots ou ces expressions normalisées. Elle n'avait pas plus d'enthousiasme ou de précision avec les modèles que le portraitiste faisait défiler devant ses yeux. La diffusion du croquis final n'avait eu aucune répercussion, espoir déçu. Mais Defils se souvient avec quelle force Claire continuait à affirmer qu'elle reconnaîtrait ce salopard entre mille si on le lui présentait. Avec son équipe, ils avaient sélectionné des profils, et ils avaient fait défiler devant les yeux de Claire plus de trois cents photos de délinquants sexuels susceptibles de se trouver dans la région au moment du drame, là encore sans succès. Quant aux témoins, ils n'avaient qu'entraperçu une silhouette de dos, au loin, et confirmaient « un grand blond avec une veste en jean ». En tout point similaire à celle que Defils avait placée sous scellés, sortie directement de l'armoire de Santini. Bon, des vestes en jean, il s'en vendait quelques centaines de milliers chaque année, pas de quoi emporter une inculpation et encore moins une condamnation. Non, l'élément clé de l'affaire, à ce stade, c'était bien la voiture. Une Mégane blanche, cinq portes, dont le propriétaire a fait changer en catimini tout l'avant le mardi suivant l'agression de Claire, c'était plus probant, et c'est sur cette base que le juge d'instruction avait délivré sa commission rogatoire.

Cette voiture, évidemment, c'est du solide, c'est une preuve tangible et c'est la récompense de sa propre persistance. Douze mille garagistes en Île-de-France, dont deux mille rien que dans les Yvelines. Les avis de recherche diffusés dans les réseaux de concessionnaires et de garagistes agréés n'ayant rien donné, une centaine de fonctionnaires avaient effectué le tour des boutiques, des ateliers, faisant là encore chou blanc. Au bout de trois mois de ce cirque, le procureur avait ordonné l'arrêt de cette seule recherche, qui consommait trop de temps, d'argent et de ressources du contribuable. Mais Defils avait donné sa parole à Claire. Elle continuait à lui rendre visite avec ou sans sa tante, à l'improviste, comme ça, pour bavarder. Et lui, il n'avait rien d'autre, comme piste, rien que cette putain de bagnole. À chaque visite il se sentait un peu plus mal. Il s'attachait à cette gamine, cela devenait insupportable de devoir lui répéter qu'il n'avançait pas dans cette enquête, il était inconcevable pour elle que le meurtre de son père demeure impuni. Alors, pour la première fois de sa carrière, il avait désobéi. Il avait mis ses trois chefs de groupe dans la confidence, et c'est donc une douzaine de policiers qui continuaient, à chacun de leurs déplacements, de rayer les garagistes interrogés de l'énorme listing que Defils gardait dans le tiroir de son bureau. Et puis un jour banco. La casse, là-haut, à Carrières-sous-Poissy. Pourtant, elle avait déjà été rayée du listing. Mais là, soupçonné dans une affaire de recel de sièges de voitures de sport, le patron avait raconté à Lagoutte comment il avait remplacé une calandre avant avec un gros pourboire, sans facture. Il lui disait ça parce qu'un autre flic avait l'air très intéressé par ces informations. Un inspecteur, il avait oublié son nom, l'avait interrogé là-dessus il y a déjà quelques mois. À l'époque, ça ne lui disait rien, cette histoire. Mais il affirmait s'en souvenir très bien maintenant, si on voulait bien laisser filer cette accusation de recel. Rien dans les livres officiels, bien entendu, mais il avait noté la plaque dans un cahier à spirale, petit format, grands carreaux, dissimulé dans la galette de son siège en skaï, avec les quelques centaines d'autres opérations au noir. La plaque d'immatriculation, le jour et l'heure, la réparation effectuée ou la pièce fournie et le montant encaissé en espèces. Le tout dans des colonnes bien séparées, avec un trait tiré à la règle entre chacune. Très bien ordonné, pour un patron de casse.

Defils aurait embrassé Lagoutte ce jour-là. Il avait même composé le numéro de Claire pour partager la bonne nouvelle avec elle. Une piste, enfin, du concret, quelque chose à se mettre sous la dent. Heureusement, la conscience professionnelle avait repris le dessus et il avait raccroché avant que l'appel n'aboutisse. Tant mieux. Car son suspect n'apparaissait pas très consistant, à première vue. Rien aux fichiers sur le propriétaire de la voiture, Gustavo Santini, né le 2 octobre 1976, à Buenos Aires. Un Argentin. Il n'avait jamais coffré un Argentin. Arrivé en France fin 1980. Naturalisé français en même temps que sa mère, Belén, en juin 1987. Études au lycée Chaptal, à Paris. Baccalauréat scientifique, mention bien, en 1996, puis diplômé de l'École supérieure de commerce de Paris, promotion 2002, sûrement une grosse tête. Defils n'est pas contre se coltiner un bourgeois sûr de lui. À jour de ses impôts, douze points au permis de conduire, pas une contravention pour conduite en état d'ébriété, ni même pour un stationnement sur une place de livraison. Marié, deux enfants, cadre supérieur, directeur financier, résidence à Marly-le-Roi. Pas l'ombre du commencement d'une ressemblance avec un pédophile meurtrier. Oui mais pour quelle raison un citoyen modèle, si bien sous tous rapports, irait-il faire tant de kilomètres pour une calandre abîmée dans un parking, lequel, impossible de s'en souvenir, bien entendu, et paierait-il une réparation en liquide ? Et pourquoi ce même individu, blanc comme neige, refuse-t-il de laisser la police accéder à son téléphone et à son agenda ? Hein ? Pourquoi ?

Defils jette un œil dans son rétroviseur. Santini demeure silencieux. Il semble perdu, le regard dans le vide, coincé entre deux gardiens de la paix. Ses poignets lui font mal. Le commandant lui a passé lui-même les menottes avant de lui prendre le bras pour l'emmener vers la voiture, au prétexte de l'article 803 du code de procédure pénale. Comme si Santini risquait de tenter de s'enfuir, seul, entouré d'une troupe de policiers lourdement armés. Defils en mourait d'envie, c'est tout. Il en rêvait, de ce moment. Une première étape vers la concrétisation de sa promesse à Claire. Le bruit des encoches qui trouvent leur logement d'acier, le regard craintif de Santini puis l'expression de douleur quand il a serré un puis deux crans de plus que nécessaire, il s'en est délecté. Il sait au fond de lui qu'il a mis la main sur le coupable. Avec sa gueule d'ange et ses réactions d'idiot, Santini ne déconcerte pas Defils et n'entame pas son intime conviction. Les faits sont là, implacables. Alors cet air de chien battu dans le rétroviseur, son indignation, son « mais pourquoi moi, qu'est-ce que vous me voulez, qu'est-ce que j'ai fait ? », à d'autres… Ô combien d'innocents, combien d'honnêtes citoyens a-t-il entendus clamer avec conviction leur vertu, jurant leurs grands dieux qu'ils n'avaient pas tué, pas volé, pas touché, pas violé, mais non, je vous le promets, sur ce que j'ai de plus précieux, mes enfants, allons, je n'y suis pour rien, avant d'être confondus par leur téléphone, leur ADN, des images de vidéosurveillance ou des témoins catégoriques et de signer des aveux circonstanciés ! Le Gustavo, derrière, là, Defils se plaît à imaginer ce qu'il a en tête tout en se frayant un chemin dans une circulation déjà dense. Il pensait que c'en était fini, l'Argentin. Plus de trois ans, tu penses bien. Personne n'avait rien vu, pas de traces, pas de photos, pas de vidéo (il n'a pas mis les pieds à l'intérieur du centre commercial ce samedi-là, Defils avait montré à Claire toute les images de la matinée, sans qu'elle reconnaisse son agresseur), non, il était tranquille. Près de deux millions de Mégane en circulation en France, dont une bonne moitié de couleur blanche. Si on avait dû le confondre, c'est que sa plaque aurait été relevée, et pour le coup la maréchaussée aurait débarqué dès le lendemain. Chaque jour qui a passé depuis ce samedi a fait baisser la tension. Pas de flics le dimanche, ouf. Profil bas le lundi, sous le radar. Mardi, sortie précautionneuse et réparation en catimini, dans une casse, loin des circuits habituels. Règlement en liquide, pas de trace. Pas même une photocopie de la carte grise dans le registre du patron, qui a l'air d'un sacré filou. Tout va bien. Rien. Les flics ne trouveront rien du tout. Mercredi voiture récupérée, calandre aussi usée que la précédente, impossible de repérer le changement de loin. Filou le garagiste, mais expert. Bravo. Jeudi il regarde un peu moins souvent derrière sa nuque quand il sort dans la rue. Il se retient de surfer sur les sites d'information en continu, quelque chose lui dit que les policiers scrutent Internet pour identifier le trafic qui pointe trop souvent vers une seule affaire. Mais personne ne peut l'empêcher d'acheter et de lire *Le Parisien* en tout anonymat. Le portrait-robot a dû lui flanquer les jetons. Ou pas. Defils repense au dessin à gros traits et, pour le coup, c'est vraiment M. Tout-le-monde qui est représenté. Peut-être Santini s'est-il même senti soulagé paradoxalement. Une étape de plus vers la tranquillité, l'impunité, l'oubli. Moins de sueurs froides la nuit. Moins d'appréhension au moment du 20 heures, en configuration « famille parfaite », sa Sophie et ses deux petits garçons, tenez-vous droit et mettez vos mains sur la table. La vie quotidienne qui reprend son cours et ses droits. Et petit à petit il finit par se dire que voilà, il s'en est sorti. Sans une égratignure, blanc comme neige.

Est-ce que Santini a agressé d'autres adolescentes, depuis ? Ou bien n'était-ce qu'une pulsion, incontrôlable, la première et la dernière, compte tenu des circonstances dramatiques de sa fuite ? Cette angoisse de se faire prendre, de perdre d'un coup d'un seul toute sa vie bien rangée, remplacée au fur et à mesure par le soulagement d'avoir échappé au châtiment, fut-ce une bonne leçon, et hop, les pulsions à la niche ? À l'opposé du spectre, cette expérience avait-elle servi de déclencheur, conféré à Santini un sentiment d'invincibilité, l'encourageant à aller plus loin, transformant l'amateur en prédateur ? C'est ce point-là, essentiellement, que Defils veut éclaircir pendant la garde à vue.

Il ne tarderait pas à tirer tout cela au clair, maintenant qu'il avait vingt-quatre heures devant lui pour l'interroger, le présumé innocent Santini. Présomption d'innocence.

Defils est respectueux de la loi, mais il n'aime pas la conjonction de ces mots. Elle semble indiquer que les flics ont presque toujours tort. Ils ont tant de pouvoir, ces mots, qu'ils ont fini par conférer plus de protection aux criminels qu'aux enquêteurs. Sous prétexte de respect des droits de l'homme, le législateur a, ces dernières années, encombré la garde à vue de mille et une contraintes supplémentaires, depuis la présence d'un avocat jusqu'à l'enregistrement vidéo de toutes les conversations. Defils considère que ce sont autant de bâtons dans les roues de ceux qui travaillent à protéger les citoyens et coffrer les criminels. Ces nouveautés permettent selon lui à une quantité non négligeable de fripouilles de sortir de cette épreuve uniquement sur des points de procédure. Defils est méticuleux, précautionneux, tenace et droit. Il n'a jamais fabriqué un coupable pour faire du chiffre, répondre à la pression médiatique ou satisfaire sa hiérarchie. Mais la présomption d'innocence, à d'autres ! D'expérience, il préférera toujours être trop suspicieux que bienveillant ou coulant. Relâcher un coupable est bien pire pour lui que garder un peu trop longtemps un innocent, qui s'en remettra avec le temps et des excuses. Alors qu'un coupable dans la nature, ce sont d'autres victimes, à coup sûr, et leurs proches, à qui il faudra expliquer pourquoi la police avait laissé sortir un assassin. Avec près de trente ans d'expérience de terrain, sa connaissance du tréfonds de la nature humaine le conduit à se méfier de tout le monde, sans exception. C'est pour cela qu'il aime tellement regarder les épisodes de *Docteur House* à la télévision avec Delphine. Son cynisme et son credo « Tout le monde ment », c'est son quotidien de flic. Tout le monde ment, sur tout, tout le temps. Coupables, innocents, tous ont quelque chose à dissimuler, une vérité à travestir pour les convenances, pour la famille, pour la société. C'est aussi ce qui rend son métier fascinant. L'imagination humaine est sans limites et ces moments sont ceux qu'il affectionne le plus. Démêler le faux du vrai, mettre en lumière les contradictions, faire surgir la vérité touche par touche, par la force du raisonnement, la puissance des faits et quelques ficelles de praticien chevronné. Il va cuisiner Santini. Il va le coincer. Il va tenir sa promesse. Il le sait, et il a hâte, maintenant.

Mardi 22 mars 2016, 7 h 10

Lagoutte entrouvre la porte de la chambre parentale, et indique à Sophie et aux agents qu'elle peut le rejoindre désormais. Elle gagne rapidement la mezzanine, pressée de retrouver ses enfants mais, déception, il est seul. Désabusée, elle ralentit le pas et ne peut s'empêcher de jeter un coup d'œil vers le bas. La vision du rez-de-chaussée saccagé la transporte d'indignation. Elle regrette de ne pas avoir la possibilité de noter l'équipe de policiers, de leur mettre des étoiles. Il faudrait créer un « Flic advisor », tiens, avec des champs dédiés aux commentaires : « des policiers courtois mais ils laissent des traces de boue sur les tapis », ou bien « est-ce bien nécessaire d'arriver si tôt le matin ? ». Pour cette équipe, là, en bas de chez elle, ce serait « A éviter absolument – des forces du désordre ».

— Où sont mes fils, Lieutenant ?

— Venez avec moi, ils sont tous les deux dans la chambre de Martín, ils vont bien, ne vous inquiétez pas.

Sophie n'en a cure, des commentaires de M. l'inspecteur de police (elle ne se fait pas à cette appellation de « lieutenant », elle la trouve ridicule et déplacée vis-à-vis d'un jeune homme aux cheveux longs, en jean et baskets). Tout ce qu'elle veut, c'est voir Martín et Daniel, les embrasser et comprendre les questions que la flic leur a posées. Cette fois elle devance Lagoutte et ouvre la porte de la chambre de Martín avec autorité, comme une mère qui voudrait surprendre son adolescent en train de fumer ou de regarder des vidéos pour adultes. La lieutenante Broussy est accroupie, au bord du lit, et les deux fils de Gustavo et Sophie sont sagement assis sur le lit de Martín, chacun son doudou dans les bras. Pas de traces de pleurs, pas de cris, mais les visages sont graves. Ils s'éclairent soudain : la joie primitive de voir leur maman arriver. Les deux garçons se précipitent vers elle et Sophie se penche pour les prendre dans les bras. Ils sont trop grands, trop lourds maintenant mais elle a besoin de sentir leur présence, leur chaleur tout contre elle, tant pis pour le mal de dos.

— Maman, Maman, qu'est-ce qu'il a fait, Papa ? Il va aller en prison ?

— Mais non, Daniel, Papa n'a rien fait du tout. La police fait son travail, elle doit vérifier des choses, poser des questions, mais c'est pour réussir à prouver que, en fait, Papa est innocent. Il va bientôt revenir à la maison, mon amour.

— Il va revenir quand, Maman ?

— Je ne sais pas, moi, ce soir, normalement, ça devrait aller vite. Mais peut-être que la dame à qui vous parliez peut nous le dire, ça.

Sophie toise Sabrina Broussy. C'est incroyable ce qu'elle paraît jeune. Elle lui donne vingt-sept ou vingt-huit ans, au maximum. C'est ça une policière d'expérience ? Broussy ne se laisse pas décontenancer. Elle explique aux enfants, avec des mots simples, qu'une enquête de police c'est parfois long, mais qu'on finit toujours par trouver le vrai coupable. Si leur papa n'a rien à se reprocher, il sera mis hors de cause et il reviendra vite à la maison. Mais nous devons procéder à tout un tas de vérifications, c'est notre travail, et ça va prendre une journée ou deux, grand maximum. Dans l'intervalle, il faut que la famille reprenne une vie normale, les enfants doivent aller à l'école, il n'y a aucune raison de rester ici à attendre. « D'ailleurs il faudrait vous habiller, les enfants », conclut-elle.

Une vie « normale » ? Sophie se retient d'exploser. Une vie « normale », avec deux flics armés dans la chambre de ses enfants, une maison retournée de fond en comble et le voisinage en émoi – un assassin dans le quartier, grands dieux, commérages et médisances vont aller bon train. Une vie « normale », avec son mari menotté, interrogé, cuisiné, molesté sûrement, fouillé, mis à nu, placé en cellule avec des ivrognes, des proxénètes et des petites frappes ? Une vie « normale », mais je vais la gifler, cette écervelée, comme ça on pourra m'enfermer, moi aussi, tant qu'à foutre notre vie en l'air. Et puis qu'est-ce que c'est que ces façons de donner des instructions à mes enfants ? « Il faudrait vous habiller. » Gna gna gna. Elle n'a pas de gosses, la femme flic, ça se voit. Elle sait peut-être les interroger, mais l'éducation, c'est une autre paire de manches. Sophie bout littéralement mais elle ne bronche pas. Elle encaisse. Être bien disciplinée. Coopérer. Elle acquiesce, au contraire, Madame a raison, les enfants, on va aller à l'école, et on reparlera de tout ça ce soir après la classe. Elle demande du regard l'autorisation d'aider

Martín et Daniel à se préparer et à faire leur toilette. Broussy l'accorde, mais ne quitte pas la chambre pour autant. Lagoutte sort, lui, et enjoint aux agents de fouiller rapidement la chambre de Martín. La lieutenante interroge Sophie, tandis qu'elle aide Daniel à choisir sa tenue du jour.

— Ils vont où, à l'école, vos enfants ?

— À Marly, tous les deux. Daniel est à l'école du Dr Schweitzer, et Martín au collège Louis Lumière.

— Ils peuvent y aller à pied ?

— Oui, ils l'ont déjà fait, mais c'est exceptionnel, je ne suis pas rassurée de les savoir tout seuls, il y a beaucoup de rues à traverser.

— J'ai besoin que vous restiez avec moi, madame Santini. Nous devons terminer la perquisition, finir de vous interroger et vous faire signer le procès-verbal. Alors si vous voulez que vos enfants ne ratent pas l'école, ce serait mieux pour tout le monde qu'ils y aillent tout seuls. À moins que vous ne préfériez que je demande au lieutenant Lagoutte de les accompagner ?

— Non, on ne va pas faire ça ! D'accord, ils vont y aller tout seuls. Ça vous va, les garçons ?

— Pourquoi on ne peut pas rester à la maison ?

C'est Daniel qui essaye de profiter de la situation pour gagner une journée en pyjama à regarder des dessins animés. Sophie ne l'entend pas de cette oreille et n'est pas d'humeur à négocier. Les enfants s'habillent sans histoires et tous trois descendent l'escalier, accompagnés par Sabrina Broussy, pour aller prendre le petit déjeuner. Elle ne laissera pas à Sophie un moment d'intimité seule avec ses fils. Pas question qu'elle puisse leur transmettre un message sans sa présence. La conversation n'est pas très animée. Les garçons n'ont jamais vu un souk pareil. Retrouver les céréales de Martín et le Nesquik pour Daniel relève de l'exploit. Il n'y aura pas de jus d'orange, ce matin, impossible de remettre la main dessus. Martín est impressionné par ces agents en uniforme, chez lui, il regarde fasciné les crosses des pistolets accrochées à la ceinture par un fil plastique tout entortillé et il songe que ce doit être bien difficile de dégainer en cas de rencontre avec un bandit.

— Ils seront encore là les policiers quand on rentrera, Maman ?

— Non, nous serons partis, nous avons bientôt fini.

C'est Broussy qui répond. Sophie est ailleurs. Elle se demande si ce petit déjeuner à trois va devenir la routine. Elle est terrorisée à l'idée de perdre Gustavo. Elle ne veut pas élever ses enfants seule, avec un père en prison, à qui il faudrait rendre visite le dimanche à Fresnes ou à Fleury-Mérogis. Ces endroits-là, on les voit de loin, en passant sur l'autoroute, hauts murs beige sale, surmontés de fils de fer barbelé, ou bien au journal télévisé, une fois par an à l'occasion de la parution du rapport parlementaire sur les cellules surpeuplées, la promiscuité et le manque de moyens. Elle ne veut pas faire la queue pour un parloir, en compagnie du cheptel des proxénètes, des femmes des caïds, des familles des toxicos ou des complices de crapules. Elle ne veut pas être celle qu'on regarde de travers au marché le samedi, sur le passage de qui on chuchote, on complote ou on compatit. Elle ne veut pas être la femme d'un monstre, d'un assassin, d'un violeur, d'un salaud. Vite, sortir de ce cauchemar, retrouver sa vie, les réunions de parents d'élèves, les dîners entre amis, la sortie du mercredi soir au cinéma, les cours de pilates, les vacances en Bretagne, un train-train rassurant, un quotidien lénifiant, des semaines prévisibles, chiantes, même. Elle veut bien que les enfants soient malades, qu'ils désobéissent, que Gustavo devienne chômeur, que la maison s'effondre, tout plutôt que ça : être l'épouse idiote du criminel, celle qui n'a rien vu, rien entendu, rien soupçonné, rien compris. La conne. Elle tremble encore et se lève. Ils n'ont pas déplacé la machine à café, et elle réussit à trouver une tasse. Le ronronnement de la pompe sous pression la rassure. Elle n'en propose pas à Broussy. Tant pis pour les convenances.

Tandis que le liquide brun et mousseux s'écoule, Sophie se mord les lèvres. Elle est égoïste et elle s'en veut. Elle ne pense qu'à elle, à son propre confort, aux convenances. Et Gustavo ? Lui il encaisse, il souffre, soumis au feu roulant des questions, au ballet des allées et venues du bon flic et du mauvais flic, aux pressions psychologiques ou physiques, lui qui est si douillet, il doit être terrorisé, tétanisé, révolté par tant d'injustice. Il est impuissant, la partie se joue loin de son domaine de compétences. Il ne s'agit pas de chiffres, de sens des affaires, de flair ou d'ingénierie financière. C'est un affrontement. Il risque gros. C'est lui qui risque de finir au cachot alors qu'il n'a rien fait pendant que toi, ma pauvre fille, tu te demandes si tu vas encore être admise au club de bridge. Il faut l'aider au lieu de se lamenter. Le café réveille Sophie, l'électrise. Envoyer les enfants à l'école, et comprendre enfin ce qui se passe vraiment. Coincer les deux flics, là, pour en savoir plus. Préparer la défense de Gustavo. Remuer ciel et terre. Trouver un avocat. Écrire une pétition. Un tweet. #injustice. Appeler le garde des Sceaux. Faire un scandale. Mobiliser la presse. N'importe quoi mais ne plus rester en peignoir, là, bras croisés, à laisser son mari aux griffes d'une justice féroce et sa famille en proie à la vindicte populaire. Elle est partie, Sophie, sur orbite. Elle est subitement passée en mode action.

— Allez, les enfants, il faut y aller, maintenant, 8 h 10, il est l'heure.

Hop, elle fait descendre Daniel du tabouret haut sur lequel il était perché, hop, elle décroche les deux manteaux, emmitoufle ses chéris jusqu'au col, attrape les bonnets soigneusement rangés dans les capuches et leur enfile sur la tête, en se disant que c'est sûr, ce soir, ils reviendront avec des poux alors que leurs chères têtes blondes ont été épargnées depuis le début de l'année scolaire, loi de l'emmerdement maximum oblige. Sophie redonne les consignes, Martín tient Daniel par la main, on ne court pas, on regarde d'abord à gauche et puis à droite avant de traverser la rue, on ne parle pas aux inconnus, on ne s'arrête pas en chemin, et Martín vérifie bien que Daniel soit rentré à l'intérieur de l'école avant de poursuivre sa route vers le collège.

— Maman, est-ce qu'on dit quelque chose à propos de Papa ?

C'est Martín. Il regarde sa mère, éperdu d'amour pour elle et tellement angoissé. Sophie voudrait pleurer, le prendre dans ses bras, le serrer contre elle, sentir au creux de son cou l'odeur de son sommeil et lui dire qu'elle n'en sait rien. Mais elle ne peut pas. Il faut qu'elle soit forte et confiante, autoritaire et rassurante.

— Rien, vous ne dites rien du tout, à personne. Papa va revenir à la maison, tout va rentrer dans l'ordre et je vous promets qu'on ira au restaurant thaïlandais tous les quatre pour fêter ça.

Martín n'est pas rassuré, mais au moins il a sa ligne de conduite. Et Daniel adore le restaurant que vient de mentionner Sophie, à Versailles, avec son aquarium géant, son décor à colonnes en stuc et ses éléphants dorés surmontés de catafalques pourpres. Cette fois les petits quittent le nid. Le cœur de Sophie se serre quand elle referme la porte derrière eux. Elle a le douloureux sentiment de les abandonner. Elle ira les chercher ce soir, comme d'habitude, mais elle sera accompagnée de Gustavo. Quel symbole ! La joie dans leurs yeux, les cris, la course effrénée vers les bras de Papa, elle visualise déjà la scène. Coup double aussi, quelle éclatante manière de couper court aux racontars, eh oui, chers voisins, Gustavo Santini est là et bien là, à mon bras, sans entrave ni bracelet électronique, il est libre, innocent, et vous pouvez remballer vos cancans, vous allusions et vos regards torves. Une erreur. C'était une erreur. C'est clair pour tout le monde ? Circulez, il n'y a rien à voir !

Daniel est le premier à sortir de l'école, à 16 h 30. Il lui reste un peu moins de neuf heures pour délivrer Gustavo. Elle se donne encore quelques secondes, là, le dos collé contre la porte, pour rassembler toute son énergie et la concentrer sur cet unique objectif : aider son mari à retrouver sa place, en famille, à leurs côtés. Elle passe mentalement la liste des tâches qu'elle doit accomplir dans les prochaines minutes, sous forme de « bullet points », le format de présentation favori de son mari :

• Comprendre précisément de quoi Gustavo est accusé (sans cela, impossible de l'aider, de construire sa défense) ;

• Trouver un avocat qui puisse aller assister son mari en garde à vue (oui mais comment en identifier un ? Il n'y a plus d'ordinateur à la maison et elle imagine que son téléphone portable qui était branché dans le salon doit être dans les mains de la police) ;

• Virer tous ces policiers de chez elle (heureusement il lui reste un téléphone fixe, elle pourra passer des coups de fil, mais elle veut pouvoir parler librement, à l'abri des oreilles indiscrètes) ;

• Prévenir Thierry, le patron de Gustavo (ce n'est pas le plus important, mais c'est sans doute le plus urgent et le plus court : il faut qu'il puisse s'organiser pour la présentation aux grands pontes européens, c'est la catastrophe pour lui…) ;

• Prendre une douche (elle ne fera rien d'utile si elle ne se détend pas, elle n'arrive même pas à établir une liste de tâches basiques sans être encombrée de pensées parasites) ;

• Arrêter de faire des listes (ça ne sert à rien), et s'y mettre !

Sophie quitte sa posture de réflexion, et s'adresse aux deux lieutenants qui échangent en murmurant depuis que les enfants ont quitté le foyer. C'est Lagoutte qui lui répond.

— Est-ce que vous avez prévenu l'employeur de mon mari ?

— Non, Madame, pas encore, mais nous pouvons le faire tout de suite. Donnez-moi son numéro et je l'appelle.

— Et vous allez lui dire quoi ?

— La vérité, Madame, je ne peux rien lui dire d'autre, la vérité : votre mari est retenu à la DRPJ de Versailles dans le cadre d'une enquête sur une affaire criminelle, rien de plus, rien de moins. Je n'ai pas besoin de préciser qu'il est en garde à vue, ça peut laisser planer un flou.

— Je ne peux pas l'appeler, moi, s'il vous plaît ? Ce serait plus facile.

— Non, je suis désolé, c'est nous qui devons le prévenir.

— Mais moi, j'ai quand même le droit de téléphoner, non ? Où est mon portable ?

— C'est le lieutenant Broussy qui l'a. Deux solutions : soit vous le déverrouillez, vous nous laissez y jeter un œil, et nous vous le rendrons dès que la perquisition sera terminée, soit nous le plaçons sous scellés et nous l'emportons avec nous pour le faire examiner par nos services. Vous le récupérerez quand la procédure sera bouclée, au mieux dans quelques semaines.

— C'est-à-dire, « au mieux » ?

— Quelques semaines en cas de non-lieu, quelques années si votre mari est jugé aux assises.

Sophie voit bien que Lagoutte s'amuse avec elle, qu'il lui donne des coups de patte, comme un matou qui veut faire piailler une souris blessée. Inutile de se braquer. Tant pis. Elle cède sur tout. Elle lui donne le numéro de portable de Thierry et elle déverrouille son propre téléphone avec l'empreinte de son pouce. Broussy explore, navigue, fouille. Ses doigts se promènent sur l'écran et Sophie a le sentiment d'être mise à nu. Une inconnue pénètre son intimité. Pourtant rien de bien croustillant, des jeux, des notifications Facebook, des photos de famille parfaite postées sur Instagram, un agenda de mère de famille, des tutoriels de maquillage, ses maigres performances à la course à pied, mais n'empêche, Sophie est mal à l'aise. Elle entend les bribes de la conversation de Lagoutte avec Thierry et imagine à l'autre bout du fil les réactions du patron de Gustavo : stupeur dans un premier temps, quoi, mais pourquoi, qu'est-ce que c'est que cette histoire, vous devez faire erreur, suivie immédiatement par son embarras, mais comment je vais m'en sortir avec cette présentation, je ne peux pas l'assurer moi-même, je ne connais pas suffisamment les détails, et je ne vais quand même pas demander à Quentin Durieux de s'en charger, il est intelligent, certes, mais son anglais est déplorable et il a l'air de sortir de l'école, enfin la colère sourde, mais c'est pas vrai ce truc, pourquoi aujourd'hui, et dire que ce sont nos impôts qui payent ces flics, qu'est-ce qu'il a bien pu faire, ce Gustavo, c'est malin, il me fout dans une belle merde, ce con, c'est pas possible !

Sophie remonte, elle veut prendre une douche et s'habiller. Les deux lieutenants sont occupés, elle n'a rien d'autre à faire qu'à patienter jusqu'à ce qu'ils s'en aillent tous. Tant qu'à faire, autant exploiter ce temps mort : elle veut être opérationnelle dans la minute où ils auront déguerpi. Elle croise les agents dans l'escalier et leur demande si elle peut avoir accès à sa salle de bains, comme une enfant dont chaque mouvement doit recueillir au préalable l'assentiment de parents autoritaires. Feu vert. Elle traverse sa chambre, champ de ruine, mais la salle de bains reste présentable. Ils n'ont pas vidé ses tubes de crème ni renversé ses coffrets de poudre. Elle ferme la porte derrière elle et regrette de ne pas avoir un loquet. Elle rêverait, là, de pouvoir s'enfermer, que son intimité soit protégée, garantie. Au lieu de cela, elle se déshabille en songeant qu'ils pourraient revenir, pousser la porte, au fait, Madame, on a oublié de vous demander un truc. Oublier, oui, c'est ça, c'est une bonne idée : oublier. Oublier les pandores, oublier ce matin glauque, oublier la peur, oublier que Gustavo est embastillé, tout oublier. Le jet d'eau est froid au début, comme toujours, et il faut se pelotonner dans un coin de la cabine de douche pour éviter les projections. Enfin la température devient acceptable et Sophie glisse dans l'oubli désiré. Elle s'assied en tailleur, sur le sol en carrelage, pour que l'eau lui tombe sur la tête de plus haut. Elle voudrait être à la verticale des chutes Victoria, assommée par le flux, nettoyée au Kärcher, elle bénit la confédération des plombiers et chauffagistes qui lui procurent cet instant d'éternité. Elle finit par se relever pour laver, shampouiner, récurer, brosser chaque centimètre carré de sa peau, tant elle se sent salie par cette intrusion. Ça doit ressembler à cela, la guerre. Un escadron qui débarque chez vous, qui occupe les lieux et installe dans votre maison un poste de commandement, qui vous dépossède et vous asservit en moins de temps qu'il n'en faut pour le dire. Fin de la douche.

Le temps que Sophie s'habille, Lagoutte et Broussy établissent le procès-verbal de la perquisition. Ils ont mis la main sur ce qu'ils étaient venus chercher. La voiture dans le garage, la veste en jean, ils ont les deux ordinateurs et le téléphone de Gustavo, l'essentiel est là. Le reste de la fouille n'a rien donné, rien qui puisse étayer une thèse de pédophilie de la part du père de famille. Lagoutte ordonne aux agents de lever le camp, et demande à sa collègue si elle préfère qu'il reste pour faire signer le PV ou s'il peut lui aussi repartir pour Versailles. Il a hâte de participer à l'interrogatoire de Santini et ne s'en cache pas. Sabrina Broussy lui donne le feu vert et la troupe disparaît, comme un ouragan qui s'éloigne, laissant derrière lui un paysage de désolation et des habitants traumatisés. Quand Sophie descend, elle est surprise par le silence qui a repris ses droits. Elle pourrait presque croire qu'il ne s'est rien passé, n'était le bazar innommable qu'ils ont laissé derrière eux. Et puis il y a cette policière, assise dans son canapé, qui contemple la scène avec un œil chirurgical. Elle tourne la tête quand elle entend Sophie arriver.

— Madame Santini, nous en avons terminé. Voici le procès-verbal de la perquisition, je vous demande de bien vouloir le relire et le signer.

— Je signerai tout ce que vous voulez. Puis-je récupérer mon téléphone ?

Broussy lui tend l'appareil et Sophie a le sentiment de recouvrer un peu de sa dignité. Elle le glisse dans la poche arrière de son jean, et se concentre sur la relecture du procès-verbal, dans lequel il est précisé qu'aucune pièce n'a été fouillée sans la présence d'un des membres de la famille habitant la maison. C'est peut-être vrai, même si elle a l'impression que la chambre de Martín, typiquement, a été visitée sans témoin. Mais ce n'est ni le lieu ni le moment d'ergoter. Elle paraphe les papiers, mais n'esquisse pas de geste pour les repasser à Broussy.

— Voilà, c'est signé, tout est en ordre, enfin, façon de parler vu le foutoir. Avant de me laisser, voulez-vous bien enfin me dire exactement de quoi mon mari est accusé, enfin, soupçonné ?

— Tentative d'enlèvement et de séquestration sur mineur de moins de quinze ans, et homicide volontaire.

— Vous voulez dire qu'il est soupçonné d'avoir tué un enfant ?

— Non, Madame. Nous pensons qu'il a essayé d'enlever une petite fille, qu'il n'a pas réussi son coup et que, dans sa fuite, il a volontairement percuté avec sa voiture le père de la fille, qui tentait de s'interposer. Le père est mort sur le coup, et le conducteur de la Mégane blanche a pris la fuite.

— Et vous croyez que Gustavo est capable de ça ? Et que, depuis, il dîne avec nous tous les soirs, bien tranquillement, en rentrant du bureau ? Vous l'avez vu, mon mari. Vous êtes une femme. Vous sentez ces choses-là. Pour quelle raison aurait-il subitement décidé d'enlever une petite fille ? Ça ne tient pas debout, votre histoire. C'était quand, quel jour, où ? Je dois pouvoir vous aider, moi, à vous rendre compte que vous faites fausse route.

— Madame, croyez-moi, la culpabilité ne se lit pas sur les visages, et elle peut se loger au sein des familles les plus recommandables ou respectables. Je ne peux pas répondre à vos questions, mais sachez que nous disposons d'éléments concordants qui désignent votre mari. Le commandant Defils est en train de l'interroger au bureau. Il lui communiquera les dates et heures des faits. Si M. Santini a un alibi, nous le vérifierons, nous vous demanderons de le confirmer, et vous le reverrez bientôt. Nous ne sommes pas obtus, vous savez. Si votre mari est innocent, il sera très vite de retour et tout ça ne sera plus qu'un mauvais souvenir.

— Très vite, c'est quand ?

— La garde à vue est prévue pour vingt-quatre heures. Elle peut être levée sur simple décision du commandant, mais elle peut aussi être renouvelée une fois, avec l'accord du procureur de la République.

— Je peux le voir ?

— Non. Seul son avocat peut le voir pendant la durée de la procédure.

— Il en a demandé un ?

— Je n'en sais rien. Écoutez, je comprends votre situation, je me mets à votre place, mais je ne peux pas rester avec vous, ils m'attendent au bureau. Appelez un avocat, il vous guidera et vous expliquera ce qui est le mieux à faire pour aider votre homme. Je vous laisse ma carte, vous pouvez m'appeler cet après-midi, je vous promets que je vous donnerai des nouvelles, enfin, celles que je pourrai vous communiquer. Soyez forte, si votre mari est innocent, il a besoin de vous. Allez, rendez-moi ce procès-verbal, je vous prie, et je déguerpis.

— Merci, Lieutenant. Dès que vous le verrez, s'il vous plaît, dites-lui que je l'aime, que Daniel et Martín vont bien, et que nous savons tous les trois qu'il est innocent.

Sabrina Broussy se lève, récupère son épais blouson posé sur une chaise de la salle à manger, avec le brassard orange « POLICE » autour du bras gauche. Elle se retourne vers Sophie avant de quitter la maison, elle veut lui souhaiter bon courage mais se ravise. Elle en a déjà trop dit. Elle est sensible à cette femme désespérée, dont la vie vient de voler en éclats. C'est vrai que son mari n'a pas la gueule de l'emploi. Elle referme son blouson, faudrait pas faire du sentiment ni de psychologie de comptoir. Un travail de police, des faits, des preuves, des circonstances, un dossier. Il n'y a que les faits qui pourront sortir Santini de la merde. Defils ne va pas le lâcher et elle le sait. Alors ne pas donner d'espoir inutile à sa femme. Elle part, sans se retourner, en prêtant une attention particulière à ne pas faire de bruit en fermant la porte. On n'est pas à une contradiction près, décidément, se dit Sophie, ils débarquent avec tambour et trompette et repartent en catimini.

Il est 9 h 15. Il lui reste un peu plus de sept heures avant d'aller chercher Daniel à la sortie de l'école, avec son mari.

Mardi 22 mars 2016, 8 h 30

Tout est en place. L'affrontement peut démarrer. Gustavo n'en est pas conscient, encore, mais c'est sa vie tout entière qui est en jeu. Il pense encore avec naïveté qu'il va être en mesure de faire valoir son innocence sur la base d'une conversation rationnelle, et que sa bonne foi finira par l'emporter sur des spéculations sans queue ni tête. Face à lui, les policiers sont comme une meute de hyènes, excitées par l'odeur du sang, attaquant sans relâche une proie blessée, diminuée, chancelante, dont elles savent d'instinct que la résistance ne sera plus que symbolique désormais. Pour eux la mise à mort n'est plus qu'une question de secondes, mais il n'y aura pas de bousculade pour participer au festin. Ils ont été plusieurs groupes à enquêter sur l'affaire, ils sont cinq policiers, prêts à se relayer pour tournoyer autour de

Santini, lui croquer les mollets, l'attraper par le cou, lui faire mordre la poussière, mais nul ne pourra priver le chef du plaisir du coup de grâce. Les aveux seront recueillis par Defils et par lui seul. Il a partagé avec ses équipiers la promesse qu'il a faite à Claire, tout en reconnaissant que c'était une connerie, mais la chose est entendue : c'est son affaire, son combat et ce sera sa victoire. Il remerciera ses équipiers pour leur contribution, les conviera au moment crucial, mais seul le commandant soutirera les aveux circonstanciés et les fera signer par Santini avant de se précipiter chez le procureur, en personne, pour obtenir la mise en examen avec mandat de dépôt immédiat.

Rien n'a été épargné à Gustavo. Il s'est pourtant senti soulagé quand les policiers lui ont retiré les menottes, presque humain à nouveau. Sentiment de courte durée. Malgré la palpation au domicile, deux policiers l'ont conduit dans un local borgne au rez-de-chaussée pour une nouvelle fouille et une mise à nu. Courtoise mais ferme, très systématique, impersonnelle. L'humiliation est à son paroxysme mais au moins ils ne le touchent pas, et ne lui demandent pas de s'accroupir et de tousser. Comme il n'a rien dans les poches, le bac des effets personnels est demeuré vide. Ah non, tiens, une signature tout de même : on lui demande d'enlever sa ceinture et les lacets de ses baskets qu'il a enfilées sans chaussettes. La procédure aurait pu attendre sa mise en cellule, mais Gustavo a décidément droit à tous les zèles. Il a fière allure, le cadre supérieur, hirsute, pas rasé, avec son manteau de laine enfilé directement sur son t-shirt Che Guevara, son jean tire-bouchonné qui pend sur ses hanches et ses chaussures ouvertes. Prise d'empreintes digitales ensuite, quatre doigts de la main droite, c'est bon, le pouce, quatre doigts de la main gauche, allez-y, le pouce maintenant, et recueil d'échantillon d'ADN au bout d'un coton tige géant, ouvrez la bouche, plus grand, voilà, vous pouvez fermer maintenant. Des marches, ensuite, un couloir, des portes qui défilent, on s'arrête devant l'une d'elles et voilà Gustavo installé dans une salle d'interrogatoire. Juste une table métallique, quatre chaises hors d'âge et un ordinateur. Les policiers en uniforme ne lui ont adressé la parole que pour lui donner des instructions. Gustavo a obéi, tel un automate, pour se débarrasser au plus vite de ces corvées, de cette furia administrative et judiciaire. Assis dans cette salle sans fenêtre, à l'exception du traditionnel miroir sans tain, il est prié d'attendre, encore une consigne. L'humanité a déserté les lieux au profit du règlement. Il attend. Les policiers ne lui adressent pas la parole. Il pense à Sophie et à ses garçons qui doivent se ronger les sangs de le savoir aux mains de la police. Il est frustré de ne pas avoir pu adresser quelques mots ou un regard à sa femme, lui assurer qu'il est innocent, que tout cela n'est qu'une regrettable erreur et qu'il sera bientôt de retour à la maison. Il songe à son équipe qui l'attend. Il devrait être avec eux, là, en train de procéder aux derniers réglages du projecteur, de vérifier une fois encore les enchaînements de diapositives, ils doivent se demander ce qui peut bien causer son retard un jour aussi important. Il pense à sa mère, qui serait si triste si elle était en état de comprendre qu'il est enfermé, privé de liberté. Il pense à tout le monde, sauf à lui. Mais voilà. La porte s'ouvre, et les gardiens en tenue évacuent les lieux pour céder la place à l'impétrant. Un visage inconnu. Gustavo s'attendait à voir Defils, non pas qu'il l'apprécie, mais il voudrait éviter d'avoir à tout recommencer à zéro. Raté.

Le nouveau venu se présente. Il s'appelle Thomas Torrette, ses parents ont dû trouver ça drôle, à l'époque, mais pas lui. Il n'autorise personne à l'appeler « Toto », que les choses soient claires. Il allume l'ordinateur avant de reprendre l'identité complète de Gustavo Santini, né le 2 octobre 1976, à Buenos Aires, de Paco Santini et Belén Barreiro, résidant 12, avenue Alexandre Dumas à Marly-le-Roi. Il l'informe ensuite de ses droits : il peut faire appel à un avocat s'il le souhaite, avec lequel il pourra s'entretenir trente minutes, il peut demander à voir un médecin et il a droit de garder le silence. Les séances d'interrogatoire sont enregistrées, et les magistrats qui instruiront le dossier en cas de poursuites auront accès à ces enregistrements. Torrette conclut : Gustavo pourrait théoriquement faire prévenir un proche, mais il fait l'hypothèse que ce n'est pas la peine, sa femme est bien au courant de la situation. Enfin, il déclare s'être assuré personnellement auprès du lieutenant Lagoutte que l'employeur de Gustavo avait bien été prévenu. Ce dernier est soulagé d'apprendre que Thierry ne l'attend pas en tournant comme un lion dans une cage. Son honneur professionnel est sauf, et c'est important pour lui. Il n'est décidément toujours pas prêt à ce qui l'attend. Il répond qu'il a bien compris ses droits, et qu'il n'a pas besoin d'un avocat. Il n'a rien à cacher, et si quelqu'un voulait bien consentir – enfin – à lui expliquer précisément ce qu'on lui reproche, il pourrait se justifier et reprendre le cours de sa vie.

— Ce qu'on vous reproche ? Le commandant Defils ne vous l'a pas caché, c'est écrit noir sur blanc sur la commission rogatoire.

— J'ai cru comprendre qu'il s'agissait d'homicide et je vous promets que je n'ai jamais tué personne.

— Gardez vos promesses, et tenons-nous-en aux faits. Alors je vais vous le dire, moi, précisément. Vous êtes soupçonné de tentative d'enlèvement sur mineure de moins de quinze ans, et d'homicide volontaire. Vous risquez trente ans de réclusion criminelle. C'est plus clair comme ça ?

— Et j'aurais fait ça quand ?

— Le 19 janvier 2013, entre 9 heures et 9 h 30.

— Alors là ça m'étonnerait, je suis tous les jours au bureau à 8 h 45 précises, ma secrétaire peut en témoigner !

— Y compris le samedi ?

— Parce que c'était un samedi, ce 19 janvier ?

— Eh oui, monsieur Santini. Et vous voulez une autre information ? Ce samedi 19 janvier 2013, votre téléphone a borné chez vous jusqu'à 7 heures et brusquement, plus rien jusqu'à 12 h 30 où subitement il redonne signe de vie, à votre domicile également. Sacrée coïncidence, non ? Où étiez-vous ?

— Mais comment voulez-vous que je m'en souvienne ? Vous me parlez d'un samedi matin il y a plus de trois ans !

— Que faites-vous d'habitude, le samedi matin ?

— Je ne sais pas, moi, ma vie n'est pas réglée comme un métronome. Je fais du sport, je vais faire les courses au supermarché, je regarde un film avec les enfants, ou bien je fais la grasse matinée, si nous avons eu un dîner ou une sortie la veille.

— Qu'est-ce que vous faites comme sport ?

— De la course à pied. Mais quel rapport ?

— Et où est-ce que vous faites vos courses ?

— Ça dépend. L'alimentation au Super U de Noisy-le-Roi. Pour le reste, il y a Parly II tout à côté.

— Le centre commercial de Plaisir, vous y êtes déjà allé ?

— Oui, bien sûr, comme tout le monde, c'est le seul endroit où il y ait un magasin Ikea dans les Yvelines.

— Et le 19 janvier, alors ? Un jogging ? Parly II ? Un film ? Une matinée au lit ? Une virée chez Ikea ?

— Aucun souvenir. Vous avez posé la question à ma femme ?

— Quand bien même votre femme nous dirait que vous êtes resté avec elle sous la couette tout le week-end, ou bien qu'elle ne vous laisse jamais sortir le samedi matin, cela n'aurait aucune valeur. Votre épouse ne peut pas vous servir directement d'alibi, ce serait trop facile.

— Si vous me donnez mon téléphone, je peux peut-être essayer de retrouver quelque chose.

— Nous sommes en train de l'examiner. Pas très compliqué, le code. La date de naissance de Martín, franchement…

— Vous voyez bien que je n'ai rien à cacher !

C'est à ce moment que Defils fait son apparition dans la pièce, un gobelet de café fumant entre les mains. Il le touille avec lenteur, prenant soin de regarder Gustavo ce faisant, bien conscient que ce dernier n'a rien avalé depuis son réveil brutal.

— Alors, monsieur Santini, est-ce que vous avez décidé de vous expliquer, cette fois ?

— C'est ce que je suis en train de faire, enfin, j'essaye, mais votre collègue me demande ce que je faisais un samedi matin il y a trois ans, et j'avoue être incapable de m'en souvenir.

— Un café vous aiderait, peut-être ? Thomas ne vous en a pas proposé ? Excusez-nous, nous manquons à tous nos devoirs. Thomas, tu veux bien aller en chercher un pour M. Santini ? Vous l'aimez comment ?

— Noir, court, sans sucre.

— Je n'ai pas de monnaie, chef.

Thomas mime un air contrit. Defils enchaîne.

— C'est ballot, j'ai mis mes dernières pièces pour le mien. Vous n'avez pas 50 centimes, Santini ? Ah non, rien dans les poches, bien sûr. Bon, eh bien, pas de café, alors. Où en sommes-nous, déjà ? Vous ne savez pas ce que vous avez fait le samedi 19 janvier au matin ? Je vais vous le dire, moi, Santini, ce que vous avez fait : vous avez éteint votre portable, vous avez enfilé votre veste en jean, vous êtes monté dans votre voiture, et vous êtes allé vous poster au centre commercial de Plaisir ; vous avez vu une petite fille qui sortait, seule, les deux mains chargées de sacs de courses, vous l'avez attrapée et vous avez essayé de l'enlever. Pas de chance, son père est intervenu et vous avez dû renoncer et prendre la fuite avec votre Mégane blanche. Le père a essayé de couper votre route pour vous obliger à vous arrêter, et vous lui avez foncé dessus délibérément. Il est mort sur le coup. Ensuite, vous avez soigneusement lavé votre voiture, vous l'avez rangée dans votre garage, trouvé mille excuses pour ne pas avoir à vous en resservir dans le week-end, et vous avez vite trouvé une casse complaisante qui a bien voulu remplacer l'avant de votre voiture sans facture, ni poser trop de questions. Et puis vous avez repris votre petite vie tranquille en espérant que le ciel ne vous tombe pas sur la tête. Voilà ce qui s'est passé, à mon avis. Mais je peux me tromper quant à la fin de l'histoire. Après tout, il est aussi possible que vous ayez continué, que cet échec ne vous ait pas découragé, au contraire. Il y a deux disparitions de jeunes filles inexpliquées dans les Yvelines, depuis 2013. Nous ne manquerons pas de vérifier si vous n'y êtes pas mêlé, de près ou de loin. Vous voyez, nous allons avoir de quoi les occuper, ces vingt-quatre heures de garde à vue, monsieur Santini.

Gustavo a écouté la longue tirade de Defils sans dire un mot, sans un signe de dénégation ou de protestation. Il vient de prendre conscience de la gravité de sa situation et pour la première fois il panique. Il a froid, il a faim, il a peur. Une trouille immense l'envahit. Mais comment les apparences peuvent-elles être à ce point contre lui ?

Qu'est-ce qu'il a bien pu faire ce samedi 19 janvier 2013 ? Son téléphone éteint ? Ce n'est rien, ça, une batterie déchargée, Sophie qui aura branché le sien, et il l'aura rallumé une fois remis en charge. Mais c'est un petit rien de plus. La voiture, la veste en jean, le téléphone, le fait qu'il ait reconnu avoir déjà été au centre commercial de Plaisir… il se rend compte à présent combien cet enchaînement de coïncidences peut paraître suspect. Après un long silence, il déclare d'une voix faible : « Je n'ai rien fait, je vous promets, je n'ai rien fait de tout ce que vous racontez, je n'ai jamais essayé d'enlever une petite fille, je ne suis pas pédophile, je ne suis pas un kidnappeur, et encore moins un assassin ; j'ai abîmé ma voiture dans un parking et je l'ai mise en réparation dans un endroit où je n'aurais pas à payer par carte bleue. Ma femme épluche nos comptes et je n'avais pas envie de lui avouer que j'avais arraché l'avant de la voiture par inattention. C'est tout ce que je peux vous dire ; et je vous jure que c'est la vérité. »

Torrette et Defils écoutent d'un air blasé et n'en ont cure, de la profession de foi de leur suspect. Ils ne le lâchent pas. Deux heures durant les questions fusent, dans le désordre, ils crient, ils murmurent, s'approchant parfois si près que Gustavo prend peur. Ils l'interrogent sur sa vie de couple, les détails de ses habitudes sexuelles, ses fantasmes, son rôle dans la paroisse, le catéchisme qu'il donne le mercredi soir, il doit bien y avoir des jeunes filles qui lui plaisent parmi ses élèves, sur la fréquence de ses visites au centre commercial de Plaisir, ses vacances de Noël 2012, avant de revenir sur ses déclarations, le choix de cette casse loin de tout pour faire réparer la voiture, pourquoi il a avancé dans ce parking, qu'est-ce qui pouvait bien le préoccuper au point de défoncer sa calandre avant ? À propos, ils ont bien cherché, ils n'ont pas trouvé de parking avec un système de plots, près des Halles. Que des barrières traditionnelles. Comment explique-t-il cela ? Gustavo n'en sait rien, évoque sans conviction une probable rénovation. Qu'allait-il faire dans ce quartier, loin de son domicile et de son boulot ? Et puis ils enchaînent, sans transition, et l'interpellent cette fois à propos de l'historique de sa navigation Internet sur son portable, qui révèle quelques visionnages de vidéos pornographiques, avec une préférence pour les fellations, c'est bien normal, ça, pour quelqu'un qui enseigne le catéchisme ? Et Sophie, est-ce qu'elle se rase le pubis, au fait ? Non ? Il aimerait ? Parce que dans les films X, elles ont toutes le sexe rasé ; un peu comme des petites filles, n'est-ce pas ? À chaque fois Gustavo bafouille, se justifie comme il peut mais il y en a trop, ça vient de tous côtés, il se sent harcelé, persécuté, plus il s'explique plus il s'enfonce.

Aucune réponse ne semble satisfaire son duo d'inquisiteurs qui persiste, exige des explications toujours plus claires, plus précises, plus spécifiques. Entre deux questions, soudain, Defils sort des photos : le cliché du corps sans vie de Bertrand, plié en deux à angle droit, mais les jambes vers le dos, tableau impossible ne serait-ce le bassin fracturé par le choc. La photo de Claire en pleurs, sous une couverture de survie, juste avant d'être évacuée par les pompiers. La personnalisation des victimes, leur prénom, leur visage, déstabilise Gustavo encore plus. Deux heures de feu roulant, sans interruption, jusqu'à ce que Lagoutte entre dans la pièce pour signifier que la perquisition au domicile est terminée, et ajoute qu'elle est concluante. Concluante ? Gustavo se torture un peu plus. Mais qu'est-ce qu'il peut bien entendre par là ? Qu'ont-ils trouvé de plus qui le plonge un peu plus profond dans cette situation ubuesque ? Il a envie d'aller aux toilettes. Pas tout de suite, monsieur Santini. Il a faim. Il n'est pas encore midi, mais ne vous inquiétez pas, on va vous nourrir. Il voudrait faire un break, reprendre son souffle. Tiens, rebondit Defils, c'est une bonne idée, ça.

— On va vous emmener en promenade, monsieur Santini. Puisque la perquisition de votre domicile est terminée, nous allons procéder à la fouille de votre bureau. La commission rogatoire m'y autorise, et comme vous avez envie d'une pause, on va partir en excursion.

Nouveau menottage, nouvelle escorte, nouvelle voiture et direction Paris, le deux-tons à fond. Gustavo est au fond du trou. Au fur et à mesure que Paris se rapproche, il visualise la scène. Cette journée qui devait marquer un nouvel élan pour sa carrière marque son terme. Il va être exposé, au vu et au su de tous, menotté, accompagné de policiers, habillé comme un clochard, ni lavé ni rasé. Son bureau va être retourné. Lui qui devait triompher avec sa présentation, apparaître devant l'état-major comme un stratège audacieux, il va devenir un problème à gérer. La direction de la communication rédigera bien vite un communiqué de presse laconique, au nom de la direction générale de l'entreprise, niant toute connaissance du passé criminel de ce collaborateur, et exprimant sa pleine compassion à la victime. Il sera cloué au pilori, licencié sans préavis. Avec une telle référence sur son curriculum vitae, il peut dire adieu à toute carrière professionnelle ultérieure. Le véhicule se gare en double file, juste devant le siège social de la filiale France. Gustavo supplie Defils de ne pas l'obliger à l'accompagner à l'intérieur. Il peut fouiller son bureau, interroger sa secrétaire, récupérer tous les papiers, se faire imprimer la copie de ses agendas mais par pitié, qu'il ne l'expose pas à ce « Défilé de la Honte ».

— C'est le règlement, mon vieux. Je ne peux pas perquisitionner sans votre présence. Allez, venez, pas d'histoires.

Tout se passe comme prévu. L'hôtesse d'accueil prévient Thierry par sms sur son portable. La réunion s'arrête et la direction générale au complet assiste, avec tous les employés de l'étage, à la déchéance de Gustavo Santini. C'est à peine si les policiers interrogent les collaborateurs de Santini. Quant à Thierry, il s'inquiète du sort de celui qui est aussi son ami, et demande à Defils quelles sont les charges retenues contre son directeur financier. Il n'obtient pas de réponse, secret de l'instruction oblige. La perquisition dure moins d'une demi-heure en tout. L'humiliation, elle, est sans borne. Le retour à la DRPJ de Versailles se fait sans la sirène, cette fois, mais toujours avec les menottes pour Santini, qui n'ouvre plus la bouche. Inutile de demander quoi que ce soit à ses geôliers, il a bien compris qu'il ne fallait rien attendre d'eux qu'une stricte application de la procédure sous l'autorité de Defils.

Gustavo est installé à nouveau dans cette salle d'interrogatoire, face à la caméra dont le point rouge indique qu'elle enregistre ses déclarations. Il est midi. Son estomac gargouille. Lagoutte, Defils et Torrette prennent un malin plaisir à discuter devant lui pour chicaner à propos du restaurant dans lequel ils vont aller déjeuner, en vantant tour à tour les mérites et les inconvénients respectifs de la crêperie, du japonais à brochettes ou de la pizzeria. Ils optent pour la pizzeria, et c'est Lagoutte qui se justifie auprès de Gustavo : ils doivent faire vite pour déjeuner, il faut qu'ils préparent la confrontation entre Claire et Gustavo. Sur ce, les trois disparaissent, une clé tourne et Gustavo reste seul dans le local. Enfin. Il a besoin de temps pour réfléchir, se retrouver, se calmer, envisager la conduite à tenir. Il se lève et marche, tournant comme un lion en cage autour de la table en métal.

Il jette un œil, machinalement, à l'écran de l'ordinateur. Il est verrouillé, inutile de se précipiter dessus pour chercher des réponses à toutes les questions qui se bousculent dans sa tête. Lagoutte a parlé de confrontation. Après les perquisitions, place à la confrontation. Est-ce à dire qu'il va devoir s'expliquer devant la petite fille qu'il est supposé avoir tenté de kidnapper ? Il n'a pas fait d'études de droit, mais il est certain qu'une telle rencontre, entre un accusé et sa victime présumée, ne peut avoir lieu sans la présence d'un magistrat. Il doit y avoir une autre signification derrière ce terme de confrontation. Gustavo imagine que les policiers vont le présenter à l'adolescente pour lui demander si elle le reconnaît. À bien y réfléchir, c'est peut-être la meilleure nouvelle de la matinée. C'est vrai, songe-t-il, il n'y a aucune chance qu'elle le reconnaisse, puisqu'il n'a jamais essayé de l'enlever, et encore moins percuté volontairement son père. Mais oui, cette fille, c'est sa carte de libération de prison, juste au-dessus du talon, il n'a plus qu'à piocher. L'espoir renaîtrait-il doucement ? Serait-ce enfin la porte de sortie de cet enfer ? Gustavo n'aura pas le loisir d'y réfléchir plus longtemps. Il entend la clé tourner à nouveau et deux agents se présentent, des nouveaux, accompagnés d'une femme élégante, en tailleur gris chiné.

— Monsieur Santini, Madame est votre avocate. Vous pouvez vous entretenir avec elle pendant trente minutes.

— Mais je ne comprends pas, je n'ai pas demandé d'avocat.

— C'est Sophie qui m'envoie, monsieur Santini. Veuillez nous laisser seuls, maintenant, Messieurs.

Le ton est autoritaire sans être désagréable et les deux agents disparaissent. La femme en tailleur se présente, Françoise Synthès, avocate au barreau de Nanterre. C'est une amie du frère de Sophie, mais ne perdons pas de temps avec cela. Elle est précise, l'entrevue est courte et très protocolaire, même si la voix se fait plus chaleureuse que vis-à-vis des policiers. L'avocate répète à Gustavo les motifs de sa garde à vue, lui demande s'il est bien traité, lui confirme que l'épreuve peut bien durer vingt-quatre heures et lui rappelle ses droits, y compris celui de garder le silence. Gustavo sait tout cela, il l'a bien compris. Il confirme que personne ne l'a ni insulté ni maltraité physiquement. En revanche il confie être épuisé, se plaint de la faim, et avoue qu'il est désespéré du double affront d'avoir été arrêté chez lui, devant femme et enfants, puis promené chez son employeur, comme livré à la vindicte. Il n'a qu'une hâte, c'est que toute la lumière soit faite et que cet enfer prenne fin. Pour cela, il a besoin de son aide. Il tient à lui faire passer deux messages. Le cadre supérieur refait surface, et il s'exprime avec calme et assurance. Premièrement, il est innocent, il le jure sur la tête de Martín et Daniel, il n'a rien à voir avec ces accusations épouvantables, et il veut que Françoise le transmette en ces termes à Sophie, le plus vite possible. Il n'a pas eu l'occasion de lui parler ce matin avant d'être embarqué, tout est allé tellement vite, et il redoute qu'elle se fasse des idées. Deuxièmement, il faut que Sophie l'aide à retrouver où il était, ce qu'ils ont fait ce fichu samedi 19 janvier au matin. Maître Synthès note avec application. Elle a enfin la date, le lieu et l'heure des faits reprochés à son client, et c'est le principal élément qu'elle est venue chercher. Elle avait pris connaissance de la commission rogatoire au domicile de Sophie, elle connaît donc les chefs d'accusation, tentative d'enlèvement et homicide volontaire, mais il lui manquait ces précisions. Légalement, elle n'a pas accès à toutes les pièces du dossier et elle doit se cantonner à un rôle de conseil : l'avocat ne sait pas tout des preuves matérielles ou des faisceaux d'indices sur lesquels se reposent les enquêteurs pour soupçonner son client, et ne peut que naviguer à vue. Pour au moins connaître la date des faits reprochés à Santini, elle aurait dû attendre sagement Defils et lui demander de partager ce minimum d'informations. Les trois gradés du groupe étant sortis déjeuner, elle a joué sur les mots et sur son autorité naturelle, en affirmant aux agents qu'elle était l'avocate réclamée par Santini : c'est ainsi qu'elle a pu être introduite auprès de son client. Defils ne l'aurait probablement pas laissée accéder à son gardé à vue avec autant de facilité et se serait opposé à cette entrevue au prétexte que Santini lui-même n'avait pas exprimé le souhait d'être assisté d'un avocat, et elle aurait dû argumenter, palabrer et menacer. Un peu de temps gagné dans cette course contre la montre.

Les trente minutes touchent à leur terme. Françoise précise qu'elle peut assister aux interrogatoires si Gustavo le souhaite, sans avoir le droit d'interférer toutefois. « Inutile, merci, vous avez mieux à faire », répond Gustavo, trop vite. L'entretien se termine, retour des agents. C'est un crève-cœur pour Santini, cette perspective de se retrouver à nouveau seul face aux policiers. Il aurait dû lui demander de rester, de ne pas l'abandonner, au lieu de privilégier l'efficacité et de la renvoyer chez sa femme. Il a besoin d'elle, en fait, bien plus qu'il ne l'imagine. Françoise tourne la tête avant de quitter la pièce, confirme à Gustavo qu'elle s'occupe bien des deux points évoqués, et s'abstient de lui souhaiter « bon courage ». Elle sait qu'il lui faudra plus qu'une expression galvaudée pour tenir le choc. Les policiers ont apporté à Gustavo un sandwich au jambon et une bouteille d'eau, qu'ils lui remettent cérémonieusement.

— Vous voyez, Maître, on le traite bien votre client.

Mardi 22 mars 2016, 13 h 30

La lieutenante Broussy a succédé à l'avocate dans le local. Elle a profité de l'absence du trio Lagoutte-Defils-Torrette pour rendre une visite éclair à Gustavo. Elle voulait s'acquitter de la promesse faite à Sophie. Elle avait aussi envie de se forger sa propre opinion, au lieu d'être cantonnée aux interrogatoires de la femme et des enfants, et à la conduite des routinières enquêtes de voisinage. Elle s'est assise en face de lui pendant qu'il mangeait son sandwich, lui a transmis mot à mot le message de Sophie sur sa foi en son innocence. Elle lui a également adressé quelques paroles rassurantes sur la réaction de ses fils, qui sont partis pour l'école sans faire plus d'histoires que ça. S'il est innocent, elle ne doute pas qu'ils lui réserveront le meilleur accueil lorsqu'il reviendra à la maison. Évidemment, s'il est coupable…

Elle n'a pas terminé cette phrase, laissant s'installer entre eux un pesant silence. L'évocation de la douleur potentielle des enfants suffit parfois à déclencher un torrent de confessions, et elle a attendu de voir la réaction de Santini. Ce dernier s'est arrêté de mastiquer, a posé son casse-croûte sur la table et inspiré longuement avant de répéter avec émotion qu'il est innocent, qu'il n'a rien à voir dans cette affaire, rien à faire là et de la supplier de le croire et de l'aider. Malgré son jeune âge, Sabrina en a beaucoup vu, des comédiens, des tartuffes, des criminels de la pire espère capables d'arracher des larmes aux jurés d'assises en continuant de clamer leur innocence. Mais devant celui-ci, elle s'est sentie ébranlée, sans bien savoir pourquoi. Et déçue aussi : au fond, sans l'avoir délibérément planifié, elle aurait adoré qu'il se livre à elle. Pouvoir le rendre à Defils sur un plateau en lui disant voilà commandant, M. Santini veut apaiser sa conscience, il est prêt à vous parler. Au lieu de cela, elle s'est retrouvée face à un homme émouvant, et elle a ressenti une forme de malaise, balançant entre l'impression de verser dans le sentiment et celle de trahir son équipe. Il y a quelque chose qui lui dit qu'il est innocent, ce gars-là, et elle s'est retrouvée perturbée face à lui. Mais, ne sachant l'expliquer, elle a choisi l'indifférence. Elle n'a aucune raison de privilégier son intuition par rapport aux faits. De toute façon, on ne « sent » pas la culpabilité, peu importe les ondes sur son radar personnel. Elle a repensé aux clichés couleur de la scène de crime, ce père fauché, démantibulé, à la tristesse profonde de sa fille lorsqu'elle la croise à la sortie du bureau de Defils. Elle voulait voir Santini, elle l'a vu, elle se dit qu'elle pourrait le croire mais elle n'est pas plus avancée, elle n'a rien pour le démontrer.

Le destin de Santini est entre les mains de Defils, qui est-elle pour se mêler de ce qui ne la regarde pas ? Elle ne peut pas rester avec lui plus longtemps. Au moins pourra-t-elle dire à sa femme qu'elle s'est acquittée de sa mission de messagère. Elle a abandonné Gustavo et demandé aux agents de reprendre place, juste à temps pour croiser Lagoutte dans le couloir. Il interpelle Sabrina pour l'informer que Defils est parti chercher Claire et sa tante à leur domicile de Clamart, pour le « tapissage ». Lagoutte est surexcité : c'est l'hallali, Santini ne va pas pouvoir continuer à jouer la victime innocente plus longtemps. Le tapissage. Expression consacrée dans les commissariats, qui désigne la parade d'identification, cette scène où le suspect est aligné avec des policiers, derrière une glace sans tain, soumis au regard et à la mémoire fluctuante de la victime ou des témoins. Le tapissage est un art délicat pour les enquêteurs. Si le témoin a parlé d'un grand brun maigre, et qu'ils alignent leur suspect avec quatre autres personnes, un petit, un gros, un blond, et un chauve, cette identification sera mise en pièces au procès par l'avocat de la défense, si elle n'est pas invalidée par le juge d'instruction auparavant. Defils sait bien l'importance de cette étape. Des tapissages, il en a mis en place des dizaines, et il ne s'est jamais fait retoquer. Celui de Santini, il en rêve depuis quelques semaines. Depuis qu'ils sont tombés sur cette casse de Poissy, par hasard, qui les a menés au propriétaire de cette Mégane. Depuis qu'il a enfin un suspect crédible. La matinée l'a renforcé dans son intime conviction qu'il tient son coupable. Trop lisse, trop propre, trop parfait. La veste en jean, le téléphone, ses explications vaseuses pour la calandre avant de sa voiture, tout converge. Il n'y a plus qu'à le confondre, et laisser Claire le désigner. Aussi, pour choisir les figurants, Defils a décidé d'effectuer lui-même le tour des bureaux, afin de chercher des collègues ayant une corpulence similaire à celle de Gustavo, qui soient blonds ou châtain clair, mais en prenant soin qu'aucun ne ressemble ni dans ses traits ni dans sa posture à son suspect. Il a laissé Torrette et Lagoutte se rendre seuls à la pizzeria, en leur demandant de lui rapporter une margherita avec beaucoup de sauce piquante. Pendant ce temps, il a terminé son casting : un lieutenant des Stups, un comptable qui aurait mieux fait d'aller à la cantine au lieu de faire du zèle, et deux policiers en tenue qu'il a envoyés au vestiaire enfiler leurs habits civils. Il a emmené cette petite troupe dans la salle idoine, s'est placé de l'autre côté de la glace sans tain pour se forger son propre avis. Satisfait du résultat, il a enjoint aux quatre protagonistes d'aller déjeuner et de se tenir prêts pour 15 heures pétantes, et il a filé.

Il avait prévenu Claire de l'arrestation, la veille, non sans s'entourer de précautions oratoires : il avait un suspect, c'était suffisamment sérieux pour qu'un juge lui délivre une commission rogatoire, mais il commencerait par vérifier les alibis potentiels de l'individu avant de l'appeler pour lui confirmer si oui ou non il allait lui demander de venir procéder à une identification. Claire n'en avait pas dormi de la nuit. Foin des caveat d'usage. On tenait le coupable. Enfin. Après trois ans d'attente. Trois ans de visites au cimetière et pas le commencement d'une réponse aux questions qui l'obsèdent. Qui a tué mon père ? Pourquoi ? Que me voulait-il, ce salopard ? A-t-il des remords ? Toutes les cinq minutes, elle a regardé son téléphone, espérant le coup de fil de Defils. N'y tenant plus, elle l'a appelé vers 9 heures, mais Defils ne lui a pas répondu, trop occupé à cuisiner Santini avec Torrette. Ce n'est qu'après la visite au bureau de Gustavo que Defils lui a envoyé un texto un peu avant midi, lui intimant de se tenir prête, et précisant qu'il passerait la chercher chez sa tante à 14 heures.

Il est en route, désormais. Seul au volant, pour une fois, sans gyrophare, sans vacarme, il roule tranquillement. Ses pensées vagabondent naturellement vers Claire. Il s'est attaché à cette enfant qu'il a vue grandir, et chaque nouvelle visite de sa part a consacré un peu moins de temps à l'enquête et un peu plus à sa vie et à ses projets. Il n'a pas vraiment vu la transformation physique de l'enfance à l'adolescence, tant l'allure de Claire est restée juvénile. Pourtant elle a poussé d'un coup, et elle est aujourd'hui plus grande que lui, avec son mètre soixante-quinze. Longiligne, elle est restée très mince, à la limite d'une maigreur anorexique. Elle est facile avec sa tante, elle est sérieuse au lycée, elle délaisse les préoccupations habituelles d'une fille de seize ans pour se concentrer sur ses études : elle se destine à une carrière de médecin, qu'elle projette à l'hôpital plutôt qu'en ville. Urgences, réanimation, chirurgie, peu importe, du moment qu'elle puisse sauver ou prolonger des vies. Defils l'a mise en garde, lui rappelant que, dans ces métiers, on côtoie la mort tous les jours, et que le chirurgien est hélas plus souvent porteur de mauvaise nouvelle que héraut de succès, mais peu lui importe, elle idéalise : une vie sauvée balaiera dix annonces douloureuses de décès. À quoi bon lutter ? Defils l'a aidée à trouver son stage de troisième à la Pitié-Salpêtrière, en demandant un piston à un légiste, et Claire en est sortie encore renforcée dans sa vocation. Soit. Mais sur son visage se lit toujours une sourde mélancolie. Defils, chaque fois qu'il la voit, ne peut s'empêcher de songer à la chanson de Barbara « Le mal de vivre », celui *qu'il faut bien vivre, vaille que vivre.* Il sait qu'elle souffre chaque jour de l'absence de ce père qu'elle vénérait. Savoir son meurtrier impuni lui semble irréconciliable avec sa vision de la vie. Ce n'est pas tant une obsession ni un désir de vengeance, ce n'est simplement pas dans l'ordre des choses. L'assassin doit être jugé et puni, point. Elle ne manque pas de rappeler à Defils qu'il a promis, même si c'est presque devenu un sujet de plaisanterie. Le fond demeure, toutefois : le médecin sauve des vies, le policier trouve le coupable et la justice le condamne. Defils espère, alors qu'il est en route vers chez elle, que Claire lui confirmera que Santini est le bon, qu'il va payer pour son crime, et que sa protégée pourra retrouver celle *qui s'est promenée de rive en rive, le rire en coin, la joie de vivre.*

Claire est descendue au pied de son immeuble, et attend Defils avec la même fébrilité qu'un rendez-vous amoureux. Un bonnet fiché sur la tête, le menton dissimulé par une écharpe, elle tourne en rond, jetant frénétiquement un œil à l'écran de son portable toutes les dix secondes. À tel point qu'elle ne le voit pas arriver, et qu'il faut que Defils klaxonne pour qu'elle se précipite et s'installe sur le siège passager, avec un haut-le-cœur. Ces voitures de police dégagent une odeur rance, mélange de restes de tabac froid, de la sueur âcre des planques, des miasmes de toux hivernales, des miettes de sandwich sur le sol ou des canettes de Coca-Cola ou de Redbull jetées elles aussi par terre sans toujours avoir été complètement vidées. Mais qu'importe. Defils a mis la main sur le meurtrier de son père, et c'est la seule chose qui compte dans l'esprit de Claire à cet instant. Elle pourrait nager dans la Seine, traverser les égouts en escarpins ou ramper sur du verre pilé, elle est prête à tout pour aller le confondre. Defils lui demande comment elle se sent. Prête. Pas un mot de plus. Il démarre le moteur et enclenche la sirène. Le trajet se passera de bavardages.

Dans les bureaux de la DRPJ de Versailles, Lagoutte a expliqué à Gustavo le déroulement de la procédure. Il se tiendra debout, en compagnie de quatre policiers en civil, et on va lui demander de tenir un carton numéroté et de s'assurer que ce numéro est bien visible par la personne qui sera derrière la glace, face à lui. Gustavo est tourmenté quand il comprend qu'il n'aura pas la victime face à lui, qu'elle sera seule, avec Defils, de l'autre côté du miroir, et qu'il ne sera pas autorisé à lui parler. Le commandant va avoir toute latitude pour influencer, orienter, voire dicter son témoignage à cette Claire qu'il est censé avoir essayé d'enlever. Il s'en ouvre à Lagoutte, qui lui cloue le bec sur le thème ne renversez pas les rôles, Santini, les policiers ne sont pas des salauds, eux. Et il ajoute du bout des lèvres que son avocate a été prévenue. Elle assistera à la parade, en silence, mais elle pourra contester lors du procès si elle assiste à une quelconque manipulation. Ce sont les nouvelles dispositions de la garde à vue, et Lagoutte ne se prive pas de partager avec Santini ce qu'il pense de ce législateur toujours plus enclin à protéger les perpétrateurs et à se méfier de ceux qui les pourchassent. Il termine :

— Vous avez raison d'être parano, Santini, mais pas à cause de la procédure. Elle va vous reconnaître, et vous allez pourrir en taule. Et moi, je pourrai enfin poser mes jours de récup !

Gustavo est conduit dans la salle de tapissage, sans entraves, cette fois. Sur le chemin, il songe qu'il aimerait avoir le numéro 2. Comme quand il était un petit garçon, qu'il marchait sur un trottoir carrelé en se disant que, si ses pieds ne touchent aucun joint au sol, alors il ne tombera pas dans le cratère du volcan et échappera à la lave en fusion. Gustavo voudrait le numéro 2, de toutes ses forces, il a le sentiment que cela le protégerait du mauvais sort qui s'acharne sur lui depuis ce matin, que ce chiffre a le pouvoir de mettre un terme à ce calvaire. À l'entrée de la salle, Torrette attend, debout, bras croisés.

Derrière lui, sur un porte-manteau, la veste en jean de Gustavo, sur son cintre. Non, ce n'est pas vrai, ils n'ont pas le droit de faire ça ! Ces enfoirés de flics vont le faire entrer dans cette salle, et il sera le seul des cinq à porter une veste en jean ? Quelles pourritures ! Le rythme cardiaque de Gustavo s'emballe, et s'affole encore plus lorsque Torrette lui demande d'enlever son manteau de laine. Ben oui, ils vont le faire. Ils ne reculent vraiment devant rien, ces salopards. Gustavo obtempère, enlève son manteau et prépare ses arguments pour refuser résolument d'enfiler cette veste, tout en maugréant intérieurement mais pourquoi s'obstine-t-il à conserver ces antiquités, il ne l'a pas mise depuis cinq ans au moins, cette veste, quel con, il s'en veut, il se maudit, il se déteste. Et rien ne se passe. Torrette pend le manteau de Santini à côté de sa veste en jean, lui tend un carton et ouvre la porte. Gustavo garde le carton avec le numéro orienté vers le sol. Tant qu'il ne l'a pas regardé, c'est le 2, et il est sauvé. Dans la salle, les quatre protagonistes de Defils se tiennent debout, chacun avec leur carton numéroté entre les mains. Ils ont l'air propres, sereins, reposés, ils sont bien rasés et le contraste avec l'apparence négligée et l'air inquiet de Gustavo est flagrant. Pas besoin de veste en jean, s'il y en a un qui ressemble à un coupable, c'est lui. Et il a le numéro 4. C'est le comptable qui a hérité du numéro 2 et de ses vertus protectrices. La tension est à son maximum pour Gustavo au moment où un haut-parleur communique des instructions. Les cinq sont censés s'aligner dans l'ordre de leur numéro, faire face à la glace et tourner leur carton de manière à ce qu'il soit bien visible. Santini regarde le miroir. Il aimerait voir cette jeune fille, pouvoir lui jurer, les yeux dans les yeux, que ce n'est pas lui, qu'il n'a pas essayé de l'enlever, qu'il n'a pas tué son père, qu'il partage sa détresse mais qu'il n'y est pour rien. Il voudrait la supplier de ne pas le désigner. Ce n'est pas lui. Il comprend qu'elle ait envie d'un coupable. Elle mérite justice, bien sûr. Mais pas lui, pas un innocent. Elle peut le comprendre, non ? Pourquoi faire souffrir un autre innocent, détruire le bonheur d'une autre famille ? S'il vous plaît. Si vous avez le moindre doute, ne me désignez pas. J'ai deux fils, plus jeunes que vous, laissez-leur un père, je vous en prie. Il ne voit rien. Le miroir ne lui renvoie que son image de vagabond. Il se redresse, essaie de se donner une contenance, mais il a froid, dans son tee-shirt, pendant que les autres portent un pull ou une veste. Dans ces instants de stress, comme souvent lorsqu'il effectue une présentation devant une large audience, Gustavo sue abondamment. Pas de mauvaise odeur associée, mais une gêne, terrible. Ses chemises durent moins d'un an. Au-delà, les auréoles jaunes se voient dès le matin. Devant un public professionnel, il a pris l'habitude d'enfiler sa veste, même lorsque la température est estivale, pour dissimuler les traces sous sa chemise. Là, il ne peut rien faire : il sent les gouttes se former sous ses aisselles, et humidifier le coton de son tee-shirt avant de couler le long de ses bras nus. Plus il y pense, plus la formation des gouttes est rapide et le flot s'intensifie. Chaque goutte en appelle une autre. On fait mieux en termes de contenance et d'allure. Soudain la voix leur demande de se mettre de profil. De face de nouveau. De profil, mais de l'autre côté, cette fois. Merci messieurs, c'est fini. Ils sont restés dans la salle moins de dix minutes.

C'est terminé également de l'autre côté de ce miroir sans tain. Defils et Torrette entourent Claire, qui pleure à chaudes larmes. Maître Synthès jette un dernier regard à cette jeune fille avant de quitter la pièce pour chercher avec inquiétude son téléphone dans son sac. Elle le perd dix fois par jour, son téléphone, et à chaque fois elle panique, elle l'a égaré, oublié, avant de finir par remettre la main dessus avec soulagement. Ce n'est pas le moment, elle s'agace, ah, le voilà, enfin. Elle appose son doigt pour déverrouiller, cherche Sophie dans ses contacts, elle n'est pas encore enregistrée, bien sûr, fouille les appels reçus ce matin, ça y est, elle n'a plus qu'à appuyer sur l'icône du téléphone vert mais son doigt n'effleure pas l'écran. L'avocate réfléchit à la meilleure façon de prévenir Sophie, et se décide à lui transmettre les faits, sans ménagement : la victime, Claire Dalmas, a formellement désigné Gustavo Santini, son mari, comme l'homme qui a essayé de l'enlever le samedi 19 janvier 2013 au centre commercial de Plaisir, avant de remonter dans une Mégane blanche et de foncer sur son père, Bertrand Dalmas, le tuant sur le coup. Elle n'a pas hésité et l'a reconnu au milieu de quatre autres hommes, au cours d'une procédure orchestrée avec soin, régulière, sans pression, sans influence extérieure, laissant peu de place à une contestation ultérieure. Françoise Synthès a été frappée par le témoignage de Claire. Pas une hésitation, pas de haine ni de violence dans les propos. C'est lui, je le reconnais, le 4. Je vous avais dit que je le reconnaîtrais, en direction de Defils. C'est lui, Maître, j'en suis sûre, à son adresse cette fois, sans dévier du regard. L'avocate songe aussi qu'elle doit trouver le moyen de préparer Sophie à l'inimaginable : son mari est peut-être réellement coupable. Quand bien même ce serait le cas, cela ne doit pas les empêcher de continuer à soutenir Gustavo : elle, l'avocate, s'engage à donner le meilleur pour qu'il soit défendu et elle, Sophie, l'épouse, ne doit pas oublier de l'aimer et être à ses côtés tout le temps de l'instruction et du procès à venir. De son attitude d'épouse dépendra la gravité de la condamnation, l'expérience est formelle. Les problèmes de couple se règlent dans un deuxième temps. La priorité est de préserver son mari. Voilà tout ce que Françoise Synthès doit dire à Sophie Santini, et son doigt se pose sur l'écran.

Lagoutte, lui, va extraire Santini de la salle sans fenêtre. Gustavo est hagard, balancé entre l'espoir et la crainte. Si la séance a duré si peu de temps, est-ce parce que la victime ou le témoin, peu importe le vocabulaire, a désigné quelqu'un immédiatement ? Ou, au contraire, a-t-elle rebroussé chemin, haussé les épaules en fusillant Defils du regard l'air de dire « encore raté » ? Lorsque Lagoutte pénètre dans la pièce, Gustavo lui lance un regard interrogatif, suppliant : tout repose sur cet instant, là, sa vie, son avenir, sur la réponse à la question qu'il n'ose même pas formuler. Et tout s'effondre en un instant.

— Elle t'a reconnu, Santini. Sans hésitation. Le numéro 4, c'est lui, elle a pointé son doigt sur toi. Vous êtes sûre ? C'est ton avocate qui lui a posé la question. Oui, je vous dis, c'est lui, je le reconnais, j'en suis certaine. Tu es bon pour les assises, l'Argentin !

Lagoutte est passé au tutoiement, mais comment Gustavo pourrait-il s'en formaliser ? Il a d'autres chats à fouetter. Son esprit bouillonne. Comment est-ce possible ? Comment cette fille peut-elle le reconnaître alors qu'elle ne l'a jamais vu ? Mais merde, comment faut-il qu'il leur dise, ce n'est pas lui, il n'a jamais enlevé de petite fille, il n'a jamais foncé sur personne, qu'est-ce qui se passe ? Lagoutte l'extrait de la galerie et le conduit au travers d'un autre couloir. Manifestement, il ne le ramène pas à la salle d'interrogatoire.

— Où m'emmenez-vous ?

— Tu vas patienter en cellule, Santini. On va rédiger les procès-verbaux, appeler le procureur de la République, et tu vas être mis en examen. Ensuite, on va te présenter à un juge qui confirmera ton placement en détention.

Comme tout ça va prendre un peu de temps, profite du calme et du confort de ta cellule individuelle, ça ne durera pas… Tu devrais aussi te décider à nous parler, ce serait mieux pour ton dossier. Des aveux circonstanciés et des regrets, ça fait toujours son effet auprès des juges. Je dis ça, je dis rien, c'est pour toi. Nous on a tout ce qu'il nous faut, maintenant. Allez, viens.

Quant à Defils, il est avec Claire, dans son bureau. Ému aux larmes, lui aussi, mais rempli d'orgueil par le sentiment du devoir accompli, il tape avec minutie le compte rendu de cette séance d'indentification, durant laquelle Mlle Dalmas, Claire, Madeleine, Marie, a formellement reconnu Santini, Gustavo, comme le meurtrier de son père. Le tac-tac des deux doigts qui frappent le clavier résonne comme autant de coups de marteau qui condamnent Santini. Il a tenu sa promesse. Il l'a eu.

Claire, elle, demeure silencieuse. Elle n'a pas prononcé un mot depuis l'identification. Elle devrait se sentir soulagée, délivrée du poids qui l'empêche de prendre son envol depuis trois ans déjà, pourtant elle ne se sent pas plus légère, ni libre. Elle n'a pas de doute, elle a désigné le coupable, mais il lui apparaît très différent de sa projection imaginaire. Il n'a pas l'air d'un pervers, d'un déviant, d'un psychopathe ou d'un monstre cruel. C'est M. Tout-le-monde, la banalité du mal, juste un pauvre type. Pourquoi s'en est-il pris à eux ce matin de janvier ? Comment a-t-il réussi à se cacher tout ce temps ? A-t-il des remords ? Elle comprend qu'elle n'est qu'au début du processus, en réalité. Trouver le coupable, voilà, ça, c'est fait. Maintenant elle veut qu'il s'explique, qu'il avoue, qu'il paye. Elle veut le procès, le décorum, elle veut le voir dans le box des accusés, elle veut le confronter, le punir. Elle veut déjà le verdict, vingt ans de réclusion, minimum, avec quinze ans de période de sûreté. Elle veut le cachot, l'isolement, le froid, la crasse. Le questionnement fait place à un désir de vengeance, et c'est nouveau pour elle. Jusque-là, elle espérait une condamnation, obtenir justice. À présent, la justice revêt une dimension supplémentaire : elle voudrait qu'il souffre, qu'il expie, et elle a honte de ce sentiment inhabituel qui la dévore. C'est pour cela qu'elle se tait. Elle croyait arriver au sommet de la montagne aujourd'hui et trouver le repos : elle se rend compte qu'elle a à peine entamé la marche d'approche.

Mardi 22 mars 2016, 15 h 30

Sophie raccroche le téléphone. Elle est éberluée et prise de vertiges. En dépit de tous ses efforts Gustavo ne sera pas à ses côtés, tout à l'heure, pour aller chercher Daniel à la sortie de l'école. Pourtant elle a remué ciel et terre : elle a trouvé une avocate, l'a dépêchée sur place, et depuis qu'elle a enfin les détails de ce qui est reproché à son mari, elle s'attache à reconstituer leur emploi du temps pour trouver ce qui pourrait prouver formellement qu'il n'était pas à Plaisir le samedi matin en question. Elle touchait au but, folle d'espoir, quand Maître Synthès l'a appelée. Sophie se sert un verre de cognac. Elle n'aime pas les alcools forts mais elle accuse le coup. Les larmes coulent sur son visage, sans bruit. Elle est saisie de tremblements et s'assoit, le regard dans le vide, sonnée. Dans des termes on ne peut plus explicites, l'avocate vient de lui confirmer que la victime a reconnu son mari lors de la confrontation, sans hésitation ni soupçon de manipulation. Elle a assisté à la scène et n'y a rien trouvé à redire. Sophie songe avec dépit qu'elle aurait dû lui dire qu'elle la paye pour trouver quelque chose à redire, pas pour laisser son mari se faire crucifier de la sorte ! Tout espoir n'est pas perdu pour autant, a complété celle qui lui avait été présentée comme un ténor du barreau. En termes choisis, Françoise Synthès a partagé avec Sophie le nombre important de cas où l'identification est ensuite invalidée par des incohérences matérielles dans le contenu du dossier. Sophie a retenu une expression : le biais de confirmation. Elle a compris qu'il est fréquent dans ce genre de situations. Trois ans se sont écoulés, la petite fille n'a vu que très brièvement son agresseur, dans une situation de tension extrême, c'est le premier suspect que la police lui soumet, le désir absolu de mettre un visage sur celui qui a tué son père est plus fort que tout, bref, cette identification ne vaut pas encore preuve irréfutable de culpabilité. Mais il est certain que le dossier devient plus compliqué. « Compliqué. » Gustavo, son amour, le père de ses enfants, a tenté d'enlever une petite fille et délibérément roulé sur un homme. Ce n'est pas « compliqué », c'est ahurissant. Invraisemblable, impossible, inenvisageable, irréaliste, il n'y a pas suffisamment de mots pour décrire ce qu'en pense Sophie. Ou un seul : c'est faux. Tout simplement faux. Et elle en a la preuve sous les yeux, là, posée sur la table basse à côté de la bouteille de cognac.

Deux heures avant ce coup de téléphone dévastateur, Maître Synthès avait déjà appelé Sophie pour lui communiquer la date, l'heure et le lieu des faits supposément reprochés à son mari, les seuls éléments du dossier auxquels les policiers ne pouvaient pas lui interdire l'accès. Dès que Sophie a eu l'information, elle a épluché son agenda papier auquel elle tient tant : hélas, pas de mariage, pas de fête de famille, pas d'anniversaire de copains de Daniel ou de Martín auquel Gustavo aurait pu les accompagner et être reconnu par les parents, pas de week-end en Bretagne ou ailleurs, rien de concret à opposer à une présence de son mari au centre commercial de Plaisir. Elle a ensuite voulu regarder les archives de la boîte mail familiale, pour constater avec irritation que l'historique sur son téléphone n'allait pas plus loin que sept ou huit mois. Le reste est bien stocké sur l'ordinateur de la maison, mais il a été embarqué sous scellés par les vandales matinaux. Rien à faire pour l'instant de ce côté. Elle a tourné en rond, réfléchi, elle a maudit sa pingrerie de ne pas avoir accepté de prendre l'option GPS sur la voiture au moment de son acquisition avant d'avoir l'illumination qu'elle espérait : son salut réside dans l'historique des dépenses payées par carte bleue.

Sophie est maniaque et non seulement elle pointe chaque ticket de CB sur ses relevés bancaires, mais elle les conserve avec précaution dans des boîtes à chaussures, chacune contenant entre deux et trois années de petits tickets imprimés, en vrac pour les dépenses courantes, mais agrafées au ticket de caisse quand il s'agit d'achats plus significatifs. Sophie est ainsi une à deux fois par an la magicienne de la famille, qui retrouve la garantie de l'appareil photo en panne, ou les justificatifs requis par les compagnies d'assurances après la disparition d'une valise dans les méandres du trafic aérien mondial. Pour une fois, les boîtes sont accessibles facilement, elles trônent au milieu de la chambre, sur le sol, avec le reste du placard à chaussures soigneusement vidé par les policiers. Ils n'ont pas bouleversé son classement, et Sophie a facilement remis la main sur le début de l'année 2013. La lecture est fastidieuse, l'ordre chronologique au sein du premier trimestre laisse à désirer. Les numéros de la carte sont remplacés par des dièses, seuls les quatre derniers chiffres apparaissent. Sophie ne veut rien laisser au hasard et elle regarde un à un les tickets, ne conservant que ceux du 18 et du 19 janvier 2013. Elle en trouve six au total, sur la centaine de transactions du trimestre. Quatre de sa propre carte à elle, deux pour les courses alimentaires du samedi, l'un d'un magasin de chaussures à Parly II, et le dernier pour un restaurant le samedi soir. Ils seraient donc allés au restaurant après que Gustavo a roulé sur un père venant au secours de sa fille. C'est délirant. Elle a mis de côté les deux tickets de la carte de son mari. Elle a effectué une pause. La liberté de son mari dépend peut-être de ce qui est écrit, là. Quand enfin elle s'est décidée à regarder les adresses des commerçants, elle s'est retenue de crier, mais une excitation sans pareille s'est emparée d'elle. Là, dans ses doigts, un ticket :

Carte bancaire EMV

A0000000567842

CB

Le 19/01/2013 A 9:20:25

STATION TOTAL

95100 ARGENTEUIL

###############4218

MONTANT :

14,20 EUR

DEBIT

TICKET CLIENT

À CONSERVER

Son mari était à Argenteuil ! Il a fait le plein chez Total à Argenteuil ! Elle en aurait dansé, remercié le ciel par un sacrifice rituel, se serait couverte de peintures de guerre. Sur son téléphone, elle a regardé la distance entre Argenteuil et Plaisir : 30 kilomètres. Comment aurait-il pu être au volant de sa voiture à 9 h 15 à Plaisir puis à 9 h 20 dans une station Total à Argenteuil ? Aucun sens, aucune possibilité. Ce n'est pas lui. Sophie s'est sentie soulagée et immédiatement coupable, dans le même temps. Est-ce qu'elle n'avait pas eu un doute ? Est-ce qu'elle n'avait pas voulu croire à l'innocence de son mari bien plus parce que cela l'arrangeait que parce qu'elle en était persuadée au fond d'elle ?

Tant pis. L'introspection, ce serait pour plus tard, maintenant il fallait aller plus loin, expliquer ce qu'il faisait à Argenteuil, trouver un témoin, une preuve de plus qui corrobore sa présence, elle avait le début de l'histoire, il fallait un ruban impeccable pour la présenter et faire libérer Gustavo. Exiger des excuses. Obtenir réparation. Non, là encore, plus tard. D'abord sortir son mari du cachot. Elle a regardé une fois de plus le ticket, pour vérifier la date, et a souri avec délectation en relisant l'ultime mention « À conserver ».

Sa joie a été de courte durée, interrompue par le coup de téléphone de l'avocate. Sophie a bien essayé de lui expliquer que ce n'était pas possible, qu'elle en avait la preuve maintenant, mais elle n'a pas réussi à articuler un propos cohérent et l'avocate lui a enjoint de reprendre ses esprits avant de la rappeler. Il ne reste à Sophie qu'une demi-heure avant de se mettre en route pour l'école. Elle finit son cognac d'un trait et se lève. Réfléchir. Il faut réfléchir. Que Gustavo pouvait-il bien faire à Argenteuil un samedi matin ? Elle n'a aucun souvenir d'être jamais allée à Argenteuil. Et puis 14 euros, ce n'est pas beaucoup pour un plein. Gustavo attend toujours le dernier moment pour faire le plein, c'est un éternel sujet de bisbille entre eux deux. Argenteuil.

Wikipédia sur son téléphone. Rien de particulier dans cette ville : quatrième commune d'Île-de-France, a accueilli Heloïse au Moyen Âge, mairie à droite, mais elle s'en fiche de tout ce baratin. Se souvenir. Se forcer. Rien. Rien de rien, rien dans le Val-d'Oise ni alentour, un samedi matin mais pourquoi, qu'allait-il faire dans cette galère ? Penser à autre chose. Laisser le cerveau s'oxygéner. Sophie se décide à s'affairer. Elle n'a rien rangé ou presque et ne veut pas que les enfants trouvent la maison dans cet état. Elle commence, frénétiquement, loin de son ordre habituel. Elle fourgue tout ce qu'elle peut dans les placards, n'importe comment. Les casseroles avec les saladiers, tant pis, les livres remis sur les étagères sans tenir compte de l'ordre alphabétique ou de l'harmonie des collections, le chocolat en poudre à côté de l'huile d'olive, de la place, de l'espace, pouvoir marcher, respirer et soudain ça revient. Bien sûr. Argenteuil. La soufflerie ! Le simulateur de chute libre. Comment s'appelle-t-il ? Retour des doigts sur le téléphone. Aérokart. Voilà, c'est ça. Tout se met en place. Elle avait offert à Gustavo une simulation de chute libre pour ses trente-six ans, le 2 octobre. Il ne veut jamais rien de particulier, ou il a tout, et Sophie, lasse de lui dénicher un pull ou un imperméable, s'était décidée pour une fois à se rabattre sur une expérience, un moment d'intensité à vivre. Elle avait longuement hésité entre le pilotage d'un hélicoptère et cette simulation de saut dans le vide en soufflerie. Une de ses amies était allée tenter l'expérience l'année précédente dans le cadre d'un de ces « team building » à la mode, et lui avait raconté le bruit, le choc, la sensation incroyable de flotter, la difficulté à se diriger, le tout sous le contrôle d'un moniteur certifié et dans des conditions de sécurité parfaites. Sophie avait sauté sur l'occasion et avait offert à son mari une séance similaire. Il avait semblé ravi sur le coup, mais octobre avait passé, novembre et décembre dans la foulée et il n'avait toujours pas utilisé son « bon pour un saut dans l'inconnu ». Elle avait commencé à le titiller, alternant reproches sur son ingratitude et piques sur sa couardise : s'il avait peur d'y aller, qu'il emmène Martín, lui, c'est le genre d'expérience qui le ravirait, il aime tant l'escalade et les descentes en rappel. Mais voilà, le saut est interdit aux moins de quinze ans. Un soir, les remarques de Sophie se faisant plus mordantes, Gustavo s'était décidé au moins à aller voir. Et c'est là, oui, c'est là, c'était un vendredi soir, Sophie en est sûre. Le samedi matin il a pris son C1, son scooter fétiche, et il a fait le trajet jusqu'à la base, pour regarder à quoi le tout ressemblait. Il était rentré tout penaud ! Evidemment, le centre n'ouvrait que l'après-midi. Mais il avait demandé au vigile de lui montrer au moins le lieu. Elle s'en souvient parfaitement, il le lui avait raconté pour se justifier. Il a dû faire le plein de son scooter, oui, c'est ça, le réservoir d'un scooter doit contenir une dizaine de litres. Alléluia, hosanna au plus haut des cieux. Le ticket, et le témoignage du vigile. Et, qui sait, une caméra à la station-service ? Elle exulte. Son mari est sauvé. Il n'y est jamais retourné, dans cette divine soufflerie. Et dire qu'elle lui en voulait, qu'elle lui a reproché d'avoir dépensé de l'argent pour rien, d'avoir essayé de lui faire plaisir en vain. Aujourd'hui elle voudrait lui demander pardon, l'embrasser, le féliciter, le tenir dans ses bras, le serrer tout contre elle, même s'il est sale, puant, mal rasé et plein des poux qu'il a dû récolter au cachot. Elle délire. L'heure tourne. Rappeler Synthès. Partir chercher Daniel à l'école. Elle va appeler l'avocate sur le chemin. Elle se sent légère d'un coup, ivre d'une joie débordante. C'est fini, pas de cauchemar, pas de mère seule avec deux enfants à charge, pas de queue au parloir, juste le bonheur de se retrouver tous les quatre. Elle a hâte. Elle attrape son téléphone, enfile son manteau, claque la porte. Elle a oublié ses clés à l'intérieur. Peu lui chaut. Elle appellera la femme de ménage, qui l'aidera à finir de ranger, correctement cette fois. Il faut que tout soit parfait pour le retour de Gustavo !

Mardi 22 mars 2016, 19 heures

Treize heures. Il y a treize heures, Gustavo était un père de famille qui dormait tranquillement, dans une maison cossue de la banlieue parisienne, un privilégié, sûr de lui, persuadé que la journée qui s'annonçait marquerait un tournant dans sa carrière. Et puis ils sont arrivés. Ils ont mis sa maison à sac. Ils ont interrogé sa femme, ses enfants. Ils ont violé son intimité en accédant à son téléphone et son ordinateur. Ils l'ont embarqué, menotté, déshabillé et soumis à la question. Ils l'ont humilié devant ses collègues de bureau. Ils l'ont exposé derrière un miroir, l'ont traité de criminel et puis ils l'ont enfermé, ici, dans cette cellule de trois mètres sur deux. Et ils sont repartis, comme ils étaient venus, sûrs de leur droit et de leur fait, en le laissant mijoter dans ce cul-de-basse-fosse. Un lit en métal accroché au mur occupe la moitié de l'espace. Debout, si Gustavo étend les bras, il parvient presque à toucher le deuxième mur du bout de ses doigts. L'odeur est insupportable à l'entrée, mélange âcre de sueur, d'urine, de crasse et de vomi, agressive au point de vous soulever le cœur, mais on s'y fait. La porte est vitrée, et c'est un lourd loquet métallique qui en assure la fermeture de l'extérieur, pas besoin de clé. Il y en a quatre, des cellules comme la sienne, alignées comme autant d'antichambres vers la folie ou la mort. Son voisin tape sur la porte par moments, en réclamant des cigarettes. Entre deux récriminations, c'est le silence. Personne ne passe devant ces portes vitrées. Sont-ils oubliés ?

Depuis combien de temps Gustavo n'a-t-il pas passé plus de trois heures, comme cela, sans rien faire ? Rien, pas de tableau Excel à vérifier, pas de mail à traiter, pas de coup de fil à passer, pas de livre à lire, pas de télévision à regarder jusqu'à l'abrutissement, pas de jeu idiot à faire exploser des bonbons multicolores sur son téléphone, pas de navigation sur Facebook ou sur Instagram à regarder des films de bébés chats poursuivant des pelotes de laine, pas de musique à écouter à la radio en fond sonore, entre deux publicités pour des chaînes de hard-discount, non, rien. Rien dans les mains, rien sous les yeux que ces murs crades et un matelas rebutant.

Gustavo ne veut pas s'allonger, il a peur d'attraper des poux, des puces, que des blattes viennent le mordre. Il alterne les petits pas dans le sens de la longueur et une position assise, tête dans les mains, où il s'interroge. Le temps s'écoule sans qu'il en ait la moindre notion. Pas de montre, pas de vision du monde extérieur, est-ce qu'il fait encore jour, est-ce déjà la nuit, il n'en sait rien. Tout ce qu'il sait, c'est qu'il voudrait sortir d'ici. Sortir de ces six mètres carrés éclairés par une ampoule torsadée à économie d'énergie dont la lumière blafarde éclaire à peine. Certes il n'a subi aucune violence physique, pourtant il a le sentiment d'être persécuté, poussé à bout. Il devient fou. C'est un complot, une conspiration, comment pourrait-il en être autrement ? Pourquoi les policiers sont-ils certains que c'est lui ? Pourquoi la victime l'a-t-elle désigné ? Pourquoi sa femme n'est-elle pas venue le voir ? Est-elle aussi complice de cette machination ? Il en oublie les paroles rassurantes de Broussy, qui lui a rapporté les mots de réconfort de Sophie. Tout semble si invraisemblable. Et si c'était bien plus simple ? Et si c'était vrai ? Et si la seule explication rationnelle de cet imbroglio était qu'il était coupable ? La voiture, la veste en jean, l'impossibilité de se souvenir de ce qu'il a bien pu faire ce samedi 19 janvier 2013, la fille qui le reconnaît, qui le désigne sans détour ?

Gustavo se souvient d'avoir eu un accident avec son scooter, par une après-midi pluvieuse, en haut de l'avenue de la Grande-Armée à Paris. Une voiture avait déboîté sans clignotant et il avait glissé en essayant de l'éviter. Il s'était réveillé dans un camion de pompiers et avait tenu des propos incohérents au secouriste à ses côtés, en lui disant de ne surtout pas lui enlever son casque, que des blessures aux cervicales pouvaient être fatales si l'on n'y faisait pas attention. Il n'avait aucune conscience d'être allongé sur un brancard, la nuque immobilisée par une minerve. Il n'avait jamais mis de casque avec son C1, et la coque de protection avait fait son office. Une absence. Il ne se souvenait de rien, pas même des circonstances de l'accident. Quasiment une heure sans un souvenir, sans image, sans son, sans rien. Même à sa sortie de l'hôpital, après les examens et des radios rassurantes, il ne parvenait pas à revoir ce qui avait bien pu lui arriver. Une heure de black-out, pourquoi pas deux ou trois ? Était-il possible qu'il soit effectivement allé à Plaisir ce matin-là ? Que, pris d'une soudaine pulsion en voyant cette petite fille, il ait tenté de l'enlever ? Qu'il se soit enfui en voyant son père et qu'il n'ait trouvé aucune autre issue que de lui foncer dessus ? La violence du choc aurait été telle qu'il aurait ensuite tout enfoui, refoulé, et se serait inventé d'autres souvenirs à la place ? Gustavo se met à douter de lui. Sa vision rationnelle du monde le conduit sur un chemin inattendu. Si tout pointe vers lui, à la fin, c'est que c'est lui. C'est aussi simple que ça. Mais non. Impossible. Il n'a jamais été attiré par des jeunes filles. D'accord, il a pu lui arriver de regarder des vidéos pornographiques sur Internet, comme tout le monde, et toutes les actrices ont le sexe épilé, et alors ? De là à avoir subitement envie de violer une petite fille, il y a un fossé ! Non, ce n'est pas lui. Ou bien il est devenu fou, insidieusement, petit à petit, et c'est seulement maintenant qu'il en prend conscience. Et puis quoi encore ? Quand bien même il aurait pété les plombs, pourquoi se serait-il trouvé à Plaisir ce matin-là ? En plus il se souvient très bien de ses discussions avec le garagiste, quel escroc celui-là ! S'il avait heurté le père de la fille, il aurait dû laver sa voiture avant de la conduire à la réparation, et là encore il devrait s'en souvenir, il lui aurait fallu trouver une station de lavage avec des jets à haute pression, y aller très tôt le matin pour ne pas risquer de croiser des témoins potentiels, il ne peut pas avoir occulté cela aussi, non, décidément, ça ne colle pas. Mais rien ne semble logique, dans cette affaire. Gustavo se torture. Comment sortir de cette impasse ? Maintenant qu'il a été identifié par la victime, comment recouvrer la liberté ? Et quelle valeur aurait cette liberté éventuelle ? Son employeur va le licencier, il en est convaincu, sa femme le regarder comme un assassin potentiel, ses enfants s'éloigner de lui, comment reprendre une vie normale après cela ? Il s'enferre dans un torrent de délires paranoïaques, il ne voit aucune issue sans dommages irréversibles.

L'aveu.

Il repense au film de Costa-Gavras, à Yves Montand, décharné, bras levés, finissant par avouer des crimes et trahisons qu'il n'a pas commis, juste pour que l'enfer cesse. À cette voix mécanique qui récite un texte écrit par d'autres, à cette renonciation à son humanité et à son intégrité. Gustavo avait été frappé par les dernières pensées du personnage, qui refuse malgré tout de condamner le communisme et ces pratiques indignes. Il pense à son père, aussi, qui est resté sous le régime autoritaire des dictateurs argentins successifs. A-t-il dû avouer, lui aussi, des crimes qu'il n'aurait pas commis pour protéger sa famille et son existence ?

Avouer.

Limiter la casse. Il est foutu, pris dans la nasse, coincé dans l'étau judiciaire. Tout le désigne, il va être déféré, jugé, condamné, envoyé au bagne, aux galères, en prison. Derrière des barreaux, en compagnie de criminels endurcis, à la merci de surveillants sans scrupules. Quelle peine, pour une tentative d'enlèvement et un homicide volontaire ? Dix ans, quinze, vingt ? Et s'il avouait ? S'il disait que oui, c'est bien lui, qu'il a été pris d'une soudaine pulsion, irrésistible, comme un tsunami qui aurait balayé en lui la retenue et la morale qui jusque-là guidaient son existence ? Il pourrait ensuite évoquer la panique, la perte des repères, plaider qu'il avait tout fait pour éviter ce père en travers de la route, mais que voilà, il n'avait pas réussi. Expliquer à quel point il regrette, aujourd'hui. Qu'il se sent déjà en prison, écrasé par le poids des remords. Un coup de folie, un seul, dans une vie bien rangée, toute propre. Un psychiatre pourrait l'aider. Peut-être même pourrait-il échapper à la réclusion, un passage par un hôpital psychiatrique et puis s'en va, qui sait ? De toute façon, et c'était une constante dans le discours des policiers, l'aveu apparaissait à présent comme l'un des seuls moyens d'infléchir la balance de la justice. S'il s'obstinait à nier, à refuser l'évidence que mettait au jour le faisceau de preuves, il écoperait de la peine maximale.

Oui, avouer était sa planche de salut. Se laisser aller. Répondre « oui » aux questions de Defils. Regretter. Confesser et quémander le pardon. Au moins, il ne moisirait pas dix ou vingt ans en prison. Quelques années certainement, quelques mois peut-être s'il se comportait comme un prisonnier modèle, libéré par anticipation. Et l'occasion de refaire une autre vie. S'autoriser un avenir. Là où il en est, il n'y a plus grand-chose à espérer. Lui qui a pourtant la foi ne prie pas. Dieu l'a abandonné. Ce n'est pas une épreuve, il ne se croit pas assez important pour être l'objet d'un traitement particulier de la part du Tout-Puissant. Non, il est juste un dommage collatéral de la position du Seigneur qui ne s'occupe de rien ici-bas, pour mieux accueillir chacun dans la vie éternelle. Et si d'aventure c'est une épreuve, raison de plus pour avouer. Il avoue, il expie et il dispose d'une autre chance pour une autre vie, meilleure, différente. Une vie loin de la futilité de cette course effrénée vers toujours plus de reconnaissance, de possession, de classement dans l'échelle sociale. Un nouveau départ. Il divague complètement.

Gustavo est au bord du gouffre. Il sent confusément qu'il est plongé dans un état de délire, sans trouver d'issue. La solitude l'étouffe, il voudrait parler à quelqu'un, partager ses doutes, sortir de cette confusion mentale qui le désespère. Parler, tout simplement. Bientôt quatre heures qu'il est livré à lui-même, et il est prêt à toutes les concessions pour un échange avec un être de chair et de sang plutôt qu'une soumission à la voix intérieure qui le conduit au désastre. Tout avouer à Defils, juste pour que ça cesse. Quelle que soit la vérité, l'aveu le servira. Au moins il ira voir un juge, une personnalité impartiale, il pourra récupérer ses esprits, sa capacité de raisonnement, élaborer une défense avec cette avocate qui lui a fait bonne impression. C'est elle qui apparaît dans l'encadrement de la porte vitrée. Gustavo croit dans un premier temps à un mirage. Voire à un miracle. Mais non, il s'agit bien de Maître Synthès, accompagnée de Torrette. Ce dernier manipule le loquet et ouvre grand la porte.

— Venez avec nous, Santini.

Torrette a l'air sombre. Le vouvoiement a repris ses droits mais Gustavo ne le remarque pas. Au contraire, il a le sentiment de vivre les derniers instants d'un condamné à mort, ce moment fatal où la porte de la cellule s'ouvre, à l'aube, pour laisser paraître le procureur de la République chargé d'annoncer au pauvre bougre que son recours en grâce a été rejeté. Il est prêt mentalement à avouer, il suffira que Defils et Torrette reprennent leur duo d'inquisiteurs et il se laissera entraîner dans la pente. Mais Françoise Synthès arbore un large sourire et s'adresse à lui avec un enthousiasme inattendu :

— C'est fini, monsieur Santini, vous allez pouvoir rentrer chez vous, votre femme et vos enfants sont là, ils vous attendent en bas.

Il est 20 heures. Quatorze heures de cauchemar dans la vie d'un homme. Gustavo ne réagit quasiment pas. Il n'est pas en état de célébrer cette libération annoncée, lui qui se figurait marcher vers l'échafaud. Il interroge son avocate du regard tandis qu'il suit Torrette mécaniquement. C'est elle qui lui explique comment Sophie a reconstitué son alibi. Le ticket de carte bleue, le plein du C1 à la station essence d'Argenteuil, le cadeau d'anniversaire pour une simulation de chute libre, l'impossibilité matérielle d'être à la fois à Argenteuil et à Plaisir. Dès qu'elle a eu connaissance de ces nouveaux éléments, l'avocate a contacté la DRPJ de Versailles. Sur les conseils de Sophie, toujours, elle a téléphoné directement à Sabrina Broussy, en lui suggérant d'aller effectuer les vérifications avant que son client soit déféré au parquet, ce qui éviterait à son commandant de se ridiculiser avec une erreur de cette importance. La lieutenante savait qu'elle avait au moins quelques heures devant elle. Defils avait bien l'intention de laisser mijoter son suspect en cellule jusqu'à ce qu'il s'effondre de fatigue, pour le réveiller et avoir l'occasion de le cuisiner une dernière fois avant d'organiser son transfert pour la mise en examen.

Broussy a foncé jusqu'à Argenteuil, demandé à consulter les bandes vidéo de la station-service Total, sans succès. Ils ne conservent pas les images plus de deux mois, sauf en cas d'incident grave. Elle a ensuite mis le cap vers Aérokart en espérant tomber sur le vigile censé avoir accueilli Santini pour sa visite matinale. Elle estimait ses chances à moins d'une sur trois environ, mais elle a été divinement surprise, trouvant sur place mieux que le gardien en question : un registre manuel des visiteurs était tenu par la société de sécurité, rangé dans le tiroir du bureau d'accueil. Pas de fichier électronique stocké dans le « cloud », non, un bon vieux cahier avec de larges pages, une couverture cartonnée où figuraient les uns derrière les autres les noms des agents de permanence, ainsi que les horaires d'arrivée et les numéros de pièce d'identité des rares visiteurs en dehors des heures ouvrées. À la date du 13 janvier, 9 h 00, il n'y avait qu'une ligne : Santini, Gustavo, CNI n° 120974K00204. Bingo ! Par acquit de conscience, la lieutenante avait contacté l'entreprise de gardiennage pour récupérer l'adresse de l'agent qui avait accueilli Santini, et effectué le déplacement à son domicile. Elle lui avait présenté la photo de Gustavo, et il l'avait formellement reconnu – une visite un samedi matin à 9 heures, chez Aérokart, comment aurait-il pu l'oublier : cela avait été la seule en trois années de service !

Le récit de Maître Synthès ragaillardit Gustavo. Il ne comprend qu'un mot sur deux mais peu à peu il refait surface. Il n'est pas encore joyeux, il est trop choqué et trop fatigué pour cela. Il ne peut oser y croire, et si c'était un piège pour le faire plonger encore plus bas que terre ensuite ? Intérieurement, il se dit qu'il s'autorisera à se sentir soulagé une fois qu'il aura franchi les portes du pénitencier, de cet endroit de malheur, pas avant. Il a été sur le point d'avouer un crime qu'il n'a pas commis. C'est surtout ça qui le marque à cet instant. Il a douté de lui, de sa femme, de la police, de la justice de son pays, au point d'être prêt à tout abandonner, à baisser les bras et s'autodétruire. Le choc est dévastateur et la fissure n'est pas près d'être comblée.

Il n'y a plus grand monde dans les bureaux à cette heure. Tables désertées et ordinateurs éteints, la ruche est comme en pause. Gustavo descend directement au rez-de-chaussée, signe les papiers qu'on lui tend sans les lire, encouragé par son avocate. On lui rend ses lacets de chaussures et sa ceinture, ainsi que son téléphone. Pour les deux ordinateurs, ils sont aux scellés pour l'heure, il faudra plusieurs jours voire plusieurs semaines pour les récupérer. Qu'ils les gardent. Qu'est-ce qu'il en a à foutre de ses ordinateurs ? Il est conscient à présent que la porte se rapproche, Gustavo, alors qu'il remet sa ceinture et enfile ses lacets tant bien que mal dans les œillets de ses baskets. Il n'a qu'une hâte : serrer Sophie dans ses bras, entendre la voix stridente de Daniel et Martín lui vriller les oreilles, et rentrer à la maison, chez lui.

— Vous êtes libre, Santini. Bonne soirée.

Torrette ouvre la porte qui mène à la salle d'attente et tend la main à Gustavo. Ce dernier la serre, mais hésite une seconde avant de franchir le seuil pour retrouver sa famille. Voilà ? Bonne soirée ? C'est tout ? Où est Defils, où est Lagoutte ? Pas d'excuses ? Pas de « nous sommes désolés pour les désagréments que notre incompétence vous a fait subir » ? Rien de plus que ce « bonne soirée » de la part d'un lampiste ? Gustavo respire un grand coup. Fermer la porte aux pensées négatives, la journée en a eu son lot. S'ouvrir à l'espoir, à la joie, au bonheur. Un pas, il franchit le seuil de la porte et voilà, il a six bras autours de lui qui l'agrippent comme s'ils avaient cru ne jamais le revoir. S'ils savaient à quel point c'est vrai… Même s'il n'aspire qu'à prendre une douche brûlante et sombrer dans un sommeil qui effacerait à jamais cette journée, Gustavo accepte de bonne grâce les cris et la profusion de baisers, câlins, effusions qui les accompagnent. Maître Synthès observe la scène avec le sentiment de satisfaction que procure le devoir accompli. Il lui arrive de se haïr lorsqu'elle permet à une crapule d'éviter un châtiment pour une histoire de procédure, mais, ce soir, elle se revoit prêter serment devant la cour d'appel de Nanterre : « Je jure, comme avocat, d'exercer mes fonctions avec dignité, conscience, indépendance, probité et humanité. » C'est l'humanité qui a gagné ce soir. Pas pour tout le monde, tempère-t-elle in petto, en repensant à cette jeune fille, si sûre d'avoir identifié le coupable du meurtre de son père, et qui doit la maudire en ce moment même.

Septembre 2016

Passé la joie et les émotions intenses des retrouvailles, il aura fallu six mois à Gustavo pour avoir le sentiment de récupérer une vie « normale ». Les premiers temps, il se réveillait un matin sur deux en nage, descendait en catimini au rez-de-chaussée vérifier que personne n'était là, derrière la porte. Quand il marchait dans la rue, il se retournait souvent, pour s'assurer qu'il n'était pas suivi. Si une voiture était garée à proximité de son domicile, son cœur s'emballait, la sueur coulait le long de ses aisselles et il s'attendait à en voir surgir Defils ou Lagoutte, menottes au poing, prêts à l'enfermer à nouveau. Les voisins ont posé des questions indirectes à Sophie. C'était une erreur, répondait-elle systématiquement, laconique. La presse n'a jamais révélé son nom, précisant simplement qu'un suspect avait été appréhendé dans l'affaire Dalmas, puis relâché après vérifications.

Et puis la vie a repris son cours peu à peu. Gustavo a récupéré sa place chez son employeur, même si son champ de responsabilité, il le sent bien, se restreint petit à petit. Et c'est bien naturel. Il n'est plus le même. Il n'arrive plus à se donner corps et âme pour augmenter le profit du laboratoire aux dépens de la Sécurité sociale ou du pouvoir d'achat des patients. Le dossier d'acquisition de la biotech a été confié au département Stratégie, avec l'aval du siège. Il effectue son travail avec soin, mais sans cette implication personnelle qui naguère faisait la différence. Tout le monde est prévenant avec lui. Il s'agace intérieurement de n'être plus au bureau que celui qui a marché dans les couloirs menottes aux poignets. Comme un malade atteint du cancer, il n'aspire qu'à une chose, être lui-même, pas un patient en sursis. Thierry, son patron direct, l'a pourtant accueilli chaleureusement une semaine après la levée de sa garde à vue. Il a organisé un pot de bienvenue, et a prononcé un discours qui l'a profondément ému. Gustavo a fait bonne figure, souriant aux plaisanteries et répondant tant bien que mal aux questions de ses collègues. Curiosité insatiable d'une foule de cadres et d'employés fascinés par cette réalité qui dépasse la fiction.

Sophie, elle, se donne le plus grand mal pour que son mari retrouve la joie de vivre. Elle a multiplié les attentions, organisé des sorties au restaurant, au cinéma, au théâtre, des week-ends à quatre, en train. À chaque transaction de carte bleue, au début, elle exhibait fièrement le ticket, le rangeant avec cérémonie dans son portefeuille. Gustavo lui a demandé d'arrêter, et elle a compris que plus rien ne serait jamais pareil. Elle a vendu la Mégane blanche à la moitié de sa cote à l'Argus, impossible de remettre les pieds dedans, et ils ont acheté une Alfa Roméo violette, en se disant que le risque qu'un crime soit commis dans un modèle aussi rare était infinitésimal. Ils ne regardent plus de séries policières, préférant des fresques historiques, où tout le monde est beau, gentil, bien élevé, loin de la réalité grisâtre des commissariats ou des tribunaux. Elle invite Gustavo à faire l'amour plus fréquemment, et se montre attentive à ses désirs, à ses envies à lui. Mais Gustavo ne joue pas, et jouit peu de la vie, comme il jouit peu tout court. Sophie souffre de se sentir écartée de l'affliction profonde de son mari. Elle voudrait qu'il aille voir un psychothérapeute, mais Gustavo s'y refuse. Il n'est pas malade, il est traumatisé, et persuadé que seul le temps pourra le soulager. La blessure reste ouverte. Il se tourmente, aiguillonné par deux questions qui tournent en boucle : quel est l'état d'esprit de Defils vis-à-vis de lui, et comment a réagi la victime, cette fille, Claire ?

Concernant Defils, Gustavo trouve étrange qu'ils n'aient pas eu une conversation approfondie, une sorte de « debriefing », comme dans son entreprise. Quand un lancement de produit a mal tourné, ou qu'un client se plaint de la qualité, on organise un « retour d'expérience » pour éviter la répétition de ce type d'échecs. Là, silence radio. Trois semaines après la levée de sa garde à vue, Gustavo a reçu un courrier l'invitant à venir récupérer ses ordinateurs. Et encore, c'est Sophie qui a récupéré la missive aux couleurs de la Police nationale dans la boîte aux lettres, heureusement. Gustavo lui a établi une procuration, la simple idée de retourner dans les locaux de la DRPJ de Versailles lui étant insupportable. Françoise Synthès a joué son rôle de conseil, leur expliquant à tous les deux que c'était courant : de la même façon que les impôts vous envoient un courrier indiquant sèchement que « les poursuites sont abandonnées » après vous avoir réclamé un rattrapage injustifié, les policiers ne s'excusent pas. Ils font leur travail, voilà tout. Et s'il faut bousculer quelque honnête citoyen pour mettre la main sur les coupables, c'est ainsi.

Quant à la victime, cette Claire qui l'a désigné, qui le tient certainement encore pour le coupable, Gustavo s'interroge sans relâche : doit-il la contacter ? Est-ce que cela la soulagerait qu'il lui dise, face à face, qu'il n'est pour rien dans sa détresse ? Maître Synthès le lui a formellement interdit. Sophie est d'accord avec elle, une telle entrevue ne ferait qu'ajouter à la douleur de cette adolescente. Son arrestation était une simple erreur, Claire l'a reconnu dans un état de confusion bien compréhensible, il n'existe pas, il n'existe plus, il n'a jamais existé, c'est aussi simple que cela. Et pourtant Gustavo rêve de ce face-à-face. Il voudrait annuler cette confrontation détournée, elle derrière ce miroir et lui en ligne, avec le numéro 4, pour privilégier un contact direct. Un échange franc, pour solde de tout compte : il lui confirmerait qu'il n'a pas tué son père ni jamais tenté de l'enlever, elle ferait amende honorable, s'excusant de l'avoir livré à la vindicte des policiers, et il lui assurerait qu'il ne lui en tient pas rigueur, qu'il comprend sa confusion et partage sa douleur de devoir tout redémarrer à zéro dans sa quête de vérité. Alors seulement il pourrait reprendre sa vie avec un cours plus normal, du moins en est-il persuadé.

Claire Dalmas, elle, ne décolère pas. Elle avait quitté Defils après avoir signé sa déposition, balancée entre le soulagement de voir enfin le meurtrier de son père aux mains de la police et l'empressement de le savoir jugé, condamné et sous les verrous, dans une prison centrale vétuste et surpeuplée. Elle était rentrée chez elle, raccompagnée par Torrette, avait prévenu sa tante que oui, c'était le bon, avant de se réfugier dans sa chambre. Elle avait alors sorti l'album des photos de mariage de ses parents qu'elle feuilletait si souvent. Son père lui avait détaillé un à un les arbres présents sur les clichés, et elle pleurait de les avoir oubliés, incapable de les reconnaître à leur tronc ou leurs branches. Pour se rassurer, elle s'était répété mentalement les caractéristiques des feuilles, que son père lui faisait réciter à chaque promenade en forêt. Feuille opposée, c'est-à-dire symétrique, pour le sorbier ou l'érable, composée de plusieurs petites folioles pour le marronnier ou le frêne, cordiforme pour le tilleul ou le noisetier, bord lisse pour le hêtre ou le lilas alors qu'il est denté pour le châtaignier. Et puis sa tante l'avait interrompue dans sa mélancolie pour l'inviter à la rejoindre, le dîner était prêt. Toujours pas de nouvelles de Defils, Claire en devenait folle. Son téléphone aboutissait directement sur la messagerie. Un dîner minimaliste, pas de joie particulière, une conversation plus empreinte par la gravité de l'instant que tournée vers une quelconque forme de célébration. L'attente s'était poursuivie pour Claire, dans une nuit de plus sans sommeil, jusqu'au lendemain matin.

Le commandant avait fini par trouver le courage de l'appeler à 10 heures, elle avait quitté la classe et décroché immédiatement, trop impatiente d'entendre qu'enfin Santini avait avoué, et que le dossier était complet, prêt à être transmis au parquet. Elle avait raccroché, ivre de rage, et avait quitté le lycée pour le reste de la journée. La police accordait donc plus de crédit au témoignage d'un vigile qu'au sien ? Defils avait eu beau lui expliquer que c'était la combinaison de ce ticket de carte bleue et de la déposition du vigile qui rendait cet alibi solide comme le roc, Claire se refusait à l'admettre. Plus tard dans la journée, Defils l'avait appelée à nouveau, essayant de la calmer, lui assurant qu'il croyait en sa bonne foi, qu'à aucun moment il ne remettait en cause son identification mais que, en l'état du dossier, aucun procureur ne se risquerait à mettre Santini en examen, par crainte du ridicule. Aucun juge d'instruction ne pourrait contrer les arguments de l'avocate. Le dossier était bel et bien clos pour l'heure, et il ne pouvait rien y faire. Il jura encore une fois à Claire qu'il poursuivrait sa quête, sans relâche, qu'il finirait par mettre la main sur le salaud qui avait tué son père. Claire lui raccrocha au nez, non sans lui avoir crûment reproché son défaitisme et son manque de combativité.

Defils pensait que la colère de Claire serait provisoire. Mais plus jamais elle ne lui a rendu visite, plus jamais elle ne l'a rappelé, et plus jamais elle n'a répondu à ses messages. Alors que les mois qui le séparaient de la retraite ne se comptaient plus que sur les doigts d'une main, Defils se sentait vieux, dépassé et maladroit. Les discussions avec Claire lui manquaient et il se trouvait dépourvu face à ce lien rompu. Cette cuisante défaite lui pesait, sans qu'il parvienne à se faire une raison. Quelque chose continuait de le turlupiner à propos de Santini. Cet alibi tombé du ciel lui restait sur l'estomac. Pourtant son épouse Delphine tâchait de le raisonner : il n'y avait rien dans ce dossier. Pas un antécédent, pas un écart de conduite, ce type avait eu un accident avec la mauvaise voiture et l'avait fait réparer au mauvais endroit et au mauvais moment, point barre. Inutile de s'entêter, cette piste était une impasse. Elle encourageait son homme à repartir, à relancer la traque. Mais avec qui ? Sa hiérarchie avait découvert qu'il avait mobilisé des ressources pour rien et l'avait mis en garde : plus de moyens sur l'affaire Dalmas. Classée. Enterrée jusqu'à nouvel ordre. Lagoutte et Torrette, eux aussi, avaient perdu la foi. Sabrina Broussy, elle, s'était fait copieusement réprimander d'être allée vérifier de sa propre initiative les éléments de l'épouse de Santini. Elle avait agi pour protéger son chef, mais le groupe entier lui en voulait. Alors tout le monde se consacrait à de nouvelles affaires, meurtres, viols, braquages de fourgons, il y avait de quoi s'occuper à la DRPJ de Versailles.

Pour Claire Dalmas, c'est un abandon de plus. Elle ne rêve plus que de vengeance, depuis la levée de la garde à vue de Santini. Dans son esprit, il s'agit d'une manipulation de plus, d'une solidarité entre les puissants aux dépens des petites gens. Alors qu'il n'y a aucun doute : Santini est coupable, et sa femme doit être complice. C'est elle qui a fabriqué cet alibi, à n'en pas douter. Claire n'a pas encore le permis de conduire, mais elle s'imagine au volant d'un 4 × 4 de location, d'une puissance titanesque, comme ceux utilisés dans les go fast, très haut de châssis, avec un pare-buffle chromé à l'avant. Elle visualise en train de patienter, moteur éteint, à une dizaine de mètres de l'entrée du pavillon de la famille parfaite. Elle attend le moment propice, celui où ce Gustavo Santini de malheur sort de chez lui, juché sur son ridicule scooter, le même grâce auquel il a réussi à échapper à la punition qu'il mérite. Mais pas pour longtemps. Elle est là, elle démarre, le suit à distance, et elle n'a plus qu'à appuyer sur l'accélérateur dans la première longue ligne droite, lâcher les chevaux. Elle déguste ce moment où, lancé à plus de 100 kilomètres à l'heure, son monstre d'acier percute le deux-roues, l'envoie valser à plusieurs mètres de hauteur pour retomber quelques toises plus loin dans un fracas de tôle. Et s'il n'est pas mort sur le coup, elle lui roulera dessus, encore et encore, jusqu'à ce qu'il crève pour de bon, ce salopard. Elle a aussi échafaudé le projet de faire appel à un tueur à gages, passant des heures sur Internet à chercher qui pourrait exécuter l'assassin de son père contre paiement. L'offre est foisonnante, facilement accessible, mais Claire ne se sent pas de taille. Comment une gamine de seize ans pourrait-elle discuter d'égal à égal avec un assassin de métier ? Elle qui n'a jamais volé une barre de confiserie dans une boulangerie ne se voit pas entrer ainsi dans le milieu du grand banditisme. Elle sait bien au fond d'elle qu'elle rêve, qu'elle fantasme. Elle ne peut rien contre cette fichue machine judiciaire qui préfère ajouter foi à un ticket de carte bancaire qu'à sa parole. Elle se reproche d'avoir placé tant d'espoir en Defils. Il ne vaut pas mieux que les autres, gentil toutou aux ordres de sa hiérarchie. Il aurait dû lui tirer dessus pendant l'interpellation, tiens. Encore l'imaginaire qui la submerge. Elle est désarmée, seule, abandonnée. Elle s'est réfugiée dans le travail, ses études, pour ne pas rester à penser ou à tourner en rond en imaginant crucifixion, pendaison ou empoisonnement pour l'Argentin. Elle a terminé son année deuxième de sa classe, admise en première scientifique. La rage est toujours présente mais s'est atténuée et transformée en une sourde détermination.

Est-ce ainsi que les hommes jugent ?

Sa soif de justice a désormais une cible, un visage, un nom. Elle y consacrera le temps et l'énergie nécessaires, mais elle n'aura de repos qu'une fois que Santini aura été puni. Il paiera un jour, il paiera.

Jeudi 19 janvier 2017, 21 h 30

Chaque soir, en arrivant à la maison, Gustavo met son téléphone en mode silencieux. C'est sa façon à lui de prouver à Sophie qu'il l'aime, qu'elle est plus importante que le flot de notifications ou de textos qui ne manquent pas d'indiquer leur apparition par un signal sonore qui nous conditionne à nous précipiter sur l'écran plasma qui dirige nos vies désormais. C'est une pause dans cette dictature de l'urgence, que Gustavo a instituée depuis sa sortie de garde à vue, pour privilégier du temps de qualité avec sa femme et ses enfants. Cette habitude crée des tensions, car il l'impose à Sophie et à son fils aîné Martín pour qui trente minutes sans Snapchat sont une véritable torture. Pourtant, alors qu'ils finissent tout juste une partie de Risk à quatre, et que Daniel est en train de perdre le contrôle de l'Amérique du Sud, en se plaignant que, comme d'habitude, tout le monde se ligue contre lui, une sonnerie de téléphone retentit dans la maison. C'est la sonnerie dédiée à Thierry, le patron de Gustavo, et ses appels sont programmés pour se signaler même quand le téléphone est en mode silence. Il n'appelle jamais en dehors des heures de bureau. Gustavo se demande ce qu'il peut bien se passer, quitte la partie un instant, et décroche :

— Gustavo, tu regardes la télévision, là ?

— Non, je joue avec mes fils mais pourquoi tu…

— Allume-la tout de suite, et mets M6.

— Qu'est-ce qui se passe ?

— Regarde, et tu me rappelles après si tu veux. À tout à l'heure.

Gustavo raccroche. Il regarde machinalement l'écran de son téléphone, et s'aperçoit que son compteur de notifications Facebook a explosé. Dans le rond rouge, le chiffre 853. Interloqué, Gustavo en oublierait presque l'injonction de Thierry. Il fait deux choses à la fois. Il allume la télévision, tout en constatant qu'effectivement plus de 800 personnes ont écrit sur son journal.

« Salaud »

« Assassin »

« on va te faire la peau »

« tu vas payer »

« que fait la police ? »

« et dire que si tu voles un vélo tu vas en taule – mais lui, là, il tue un keum et rien, p'tain, je suis deg »

« Ordure »

« Hijo de puta, rentre chez toi »

Son doigt ne va pas assez vite pour que le torrent d'insultes faiblisse. Gustavo est interdit par cette lecture, hébété, sous le choc. C'est le temps qu'il a fallu à la télévision pour s'allumer, sur TF1, et Gustavo tripote fébrilement la télécommande pour passer sur M6. Le son est très fort, et Sophie lui demande ce qu'il fait, là, on l'attend, c'est à son tour de jouer, maintenant.

À l'écran, une jeune fille brune, maquillée très légèrement. Une frange masque son front, comme si elle voulait se dissimuler au regard des autres, mais ses grands yeux sombres lui confèrent un charme discret, celui d'une adolescente fragile qui a besoin d'attention. Elle est au bord des larmes, interviewée par la journaliste la plus connue de France, Estelle Vivien. « Affaires criminelles », c'est le succès de ces derniers mois. Dans son émission, elle reçoit des victimes de crimes non élucidés, lance des appels à témoins à grande échelle pour traquer les monstres en liberté et se targue de contraindre la police à s'intéresser à nouveau à ces dossiers en déshérence. Elle a contribué récemment à identifier un violeur, qui a été appréhendé et a reconnu son forfait. Depuis elle se croit tout permis, ses audiences sont au pinacle, elle dispose d'un réseau d'informateurs au sein de la police elle-même et s'autorise à aller chaque fois un cran plus loin dans le voyeurisme. Mais là c'est une première : ce n'est pas un appel à la mémoire collective, non, c'est une dénonciation, une crucifixion en place publique. Un bandeau pourpre occupe le bas de l'écran, avec le nom de la jeune fille : Claire Dalmas. C'est la première fois que Gustavo la voit, et l'entend. Elle parle de lui. Elle répète son nom, Gustavo Santini. Elle ne dit pas « un individu », ou « le suspect ». Elle articule. « Gustavo Santini. » Elle raconte comment elle l'a reconnu, lui, son agresseur, derrière ce miroir sans tain, sans l'ombre d'un doute. Estelle Vivien l'encourage, la relance, lui demande comment elle réussit à vivre en paix alors que l'assassin de son père vit tranquillement en banlieue parisienne. Elle sous-entend même que, selon certains policiers, ledit Gustavo Santini aurait reconnu être le coupable, pendant sa garde à vue, mais que des éléments extérieurs ont contribué à sa libération. Gustavo est tétanisé devant l'écran. Sophie s'est levée et comprend en un éclair que son pire cauchemar est en train de se réaliser.

— Martín, Daniel, au lit, tout de suite.

Les enfants obtempèrent sans récrimination. Le ton est comminatoire, inutile de discuter. Martín prend son téléphone et constate, effaré, plus de 200 notifications Facebook et une quarantaine sur Snapchat. Il attend d'être dans sa chambre pour comprendre ce raz-de-marée soudain. Sophie quant à elle se rapproche de Gustavo. Elle écoute Claire raconter le monstre qu'est son mari. Gustavo, lui, continue à faire défiler sur son écran les noms d'oiseaux qui lui sont destinés. Son téléphone est devenu un téléscripteur et il observe, comme hypnotisé, le déferlement de haine qui s'abat sur ses épaules. Au milieu des messages qui lui sont personnellement adressés, il voit la création d'une page dédiée « Justice pour Claire, Santini en prison ». Il ne peut pas s'empêcher de cliquer sur le lien. Déjà 500 « j'aime ». Un troll a créé cette page il y a dix minutes et un demi-millier de personnes ont rejoint le clan des vengeurs. Sophie arrache le téléphone des mains de son mari, et constate l'ampleur des dégâts de ses yeux, sans en revenir. Qui sont ces gens ? Estelle Vivien en rajoute une couche sur le manque de moyens de la police, affirmant que jamais cette enquête n'aurait dû s'arrêter là, qu'il faut tout reprendre à zéro. Sophie s'insurge, elle n'a pas le droit, cette salope, non, elle n'a pas le droit, merde. Elle éteint la télévision par le bouton physique, si violemment qu'elle manque de faire tomber l'écran. Gustavo, qu'est-ce qu'on va faire ? Le téléphone sonne. C'est celui de la maison, la ligne fixe. En ligne, la mère de Sophie, catastrophée. Pas maintenant, maman, pas maintenant. Elle raccroche. Le téléphone sonne à nouveau. Maman, je t'ai dit pas maintenant. Mais non, bonjour Madame, c'est BFM Télévision, avez-vous une déclaration concernant l'accusation portée contre votre mari par Estelle Vivien ? Elle raccroche, arrache la prise du téléphone. Les notifications ne cessent de grimper sur l'écran de Gustavo. Elle désinstalle Facebook, confirmant d'un index rageur que oui, elle est sûre, et qu'elle s'en fout complètement de risquer de perdre l'historique des données. Gustavo n'a pas bougé d'un pouce. Il est K-O debout.

Dehors, Sophie entend des bruits de véhicules. Les camions des chaînes d'information en continu sont en train de se garer dans la rue, elle les voit par la fenêtre. Des projecteurs éclairent sa façade. Elle descend les volets roulants, va fermer à double tour la porte d'entrée. Ils sont en état de siège. Dans sa chambre, Martín pleure à chaudes larmes. Il est insulté, inondé de menaces, on va te casser la gueule, bâtard, fils de chien, ne t'avise pas de mettre les pieds au collège si tu veux pas qu'on te défonce, même parmi ses amis certains lui envoient des photos déguisés en vengeur masqué sur Snap. Un tout petit nombre se veut plus chaleureux, le questionnant « c'est vrai ? c'est ton père ? mais comment c'est possible ? », ou « comment tu vas faire, maintenant ? ». Pas de quoi être réconforté. Il voit apparaître une pétition sur change.org, « Pour une mise en examen de Gustavo Santini », avec déjà 2 500 signatures au compteur. Les hashtags se multiplient sur Twitter, mais l'un semble l'emporter « #santinienprison ». Martín ne tient plus. Il descend voir sa mère et la trouve en train de fermer compulsivement les volets et la porte de la maison. Il s'arrête au milieu de l'escalier. C'est vraiment grave, ce qui est en train de se passer. Son père et sa mère lui avaient pourtant assuré que c'était une erreur, que la police leur avait fait des excuses, et qu'il n'y avait aucune raison de s'inquiéter. Ils lui ont menti, c'est tout. Ils ont signé sa mort sociale. Il retourne dans sa chambre et affronte, seul, le déchaînement de la Toile qui s'abat sur son père. De multiples détails éclosent, comme autant de champignons vénéneux, Gustavo serait le fils d'un des tortionnaires du régime de Pinochet réfugié en France, et peu importe qu'il soit argentin et pas chilien, il aurait un casier judiciaire long comme le bras, contrairement à ce qui a été affirmé par la police, mais ce sont les amnisties des présidentielles qui l'ont purgé, et peu importe, là encore, que les dates ne puissent pas coïncider. Des parents auraient déclaré que leur fille avait peur d'aller aux séances de catéchisme animées par Gustavo Santini. La photo de son père circule, à présent. Elle a été aspirée sur son profil Facebook, et les trolls s'en donnent à cœur joie. Ils ont choisi une photo de vacances, devant un lac, dans le Massif central. Gustavo respire le bonheur, en pleine nature. Il est souriant, reposé. La légende pose la question : « Combien de temps encore cet assassin va-t-il profiter du soleil ? » Martín ne pourra plus jamais retourner à l'école. Il va se faire lapider, littéralement. Des rais de lumière éclairent son plafond. Par sa fenêtre il voit les camionnettes aux logos des chaînes d'information, les immenses paraboles posées sur les toits et quelques journalistes commencer à parler devant leur caméraman. C'est un cauchemar. Plus les réseaux sociaux s'agitent, plus Martín finit par se demander si son père n'est pas effectivement le monstre qui est décrit sous ses yeux.

Au rez-de-chaussée, Sophie appelle Maître Synthès. Cette dernière sort d'un dîner avec ses associés, et ne saisit pas la panique de Sophie. Elle lui demande de lui raconter ce qui se passe en reprenant tout, depuis le début. Elle prononce des paroles rassurantes. Elle va déposer une plainte pour diffamation et violation du secret de l'instruction. Très bien, mais quand la chaîne va-t-elle être obligée de diffuser des excuses, de retirer ses accusations, de faire cesser cette horreur ? Hélas, pas tout de suite, lui répond l'avocate. Même en référé, il faudra plusieurs jours. Et s'il faut aller au procès, on parle en mois. Sophie ne comprend pas. C'est en minutes qu'on parle, là. Chaque seconde qui passe, le nom de son mari, le sien, celui de ses enfants, est sali, traîné dans la boue. Chaque nouveau post est une tache indélébile, c'est insensé, il faut arrêter ça tout de suite. Françoise Synthès comprend, mais elle est désarmée. Il n'y a pas d'arsenal juridique adapté, pas encore. Elle parle de compensation, d'amende, des réparations qu'elle pourra exiger. Sophie pleure au bout du fil. Réparer ? Mais c'est foutu. Leur vie est foutue, maintenant. L'avocate murmure quelques mots de réconfort, l'assure que tout ça va se tasser, que l'émotion va disparaître et que tout va rentrer dans l'ordre. Et demain ? Quoi demain ? Comment mes enfants vont-ils aller à l'école ? Comment mon mari peut-il aller au boulot ? Notre maison est en état de siège, il y a des caméras partout. Appelez la police, Sophie, demandez-leur de l'aide, moi je m'occupe de la plainte. Fin de l'échange.

La police. Comme si la police allait les aider. Tu parles, ils doivent se frotter les mains, Defils, Lagoutte, Torrette et les autres. La télévision et les réseaux sociaux vont réussir là où ils ont échoué : faire condamner un innocent. Pendant le coup de fil de Sophie, Gustavo s'est installé derrière l'ordinateur du salon. Les dégâts semblent irréversibles. La pétition recueille des milliers de signatures, les pages Facebook se multiplient, il est le premier sujet sur Google actualité. Il ne s'en remettra jamais. Un texto de Thierry sur son téléphone le lui confirme. « Ça va ? Je suis de tout cœur avec toi, mon vieux. Saloperies ! Ne viens pas bosser demain, prends soin de toi et des tiens, c'est le plus important. Courage, ça va passer ! » 23 heures. Il est viré par texto ? Il ne veut pas croire que ce soit de la bienveillance de la part de son chef. Il se couvre, oui ! De toute façon, viré ou pas, il ne pourra jamais y retourner, maintenant. Une fois, ça passe. Mais là, c'est bel et bien fini. Combien de salariés de la boîte parmi les internautes en rage ? Le communiqué qui avait dû être préparé il y a trois ans va être actualisé et diffusé, ce n'est plus qu'une question d'heures, il faut protéger la marque, l'isoler du scandale. C'est l'impasse, la fin du parcours. Ils vont devoir déménager, partir loin de tout ça, s'installer en Argentine, chez lui. Il emmènera sa mère, en espérant qu'elle reconnaisse Buenos Aires une dernière fois avant de mourir. Il entend Sophie qui négocie avec le commissariat du quartier. Liberté de la presse oblige, ils prétendent ne pas pouvoir intervenir. Les Santini sont abandonnés, livrés en pâture à une foule grossissante qui crie vengeance à coups de posts et de tweets. Au moins les camions des télévisions les protègent-ils du lynchage physique, finit par se dire Sophie.

Elle décroche Gustavo de l'écran, éteint l'ordinateur et le prend dans ses bras. Elle ne veut plus pleurer. C'est son mari. Elle doit le protéger, le défendre. Il lui dit qu'il faut partir, tout de suite, faire les valises, disparaître. Elle lui répond qu'il faut se battre, ne pas baisser les bras : fuir ce serait reconnaître sa culpabilité, donner raison à tous ces demeurés pour qui un tweet de cent quarante caractères a plus de valeur qu'une enquête de police, enquête qui l'a innocenté, il ne faut pas l'oublier. Elle s'est battue toute sa vie, Sophie, elle ne va rien lâcher. Il est innocent, et à eux deux ils vont surmonter ces horreurs. Gustavo l'entend sans l'écouter. Il n'y croit pas un instant, mais il fait semblant. Demain le terrorise. Il est sali, viré, il a exposé sa famille. Qu'est-ce qui va encore leur tomber dessus cette fois ? Nous allons contre-attaquer, tempère Sophie. Elle l'invite à aller se coucher, à tenter de sombrer dans l'oubli, dans les bras l'un de l'autre. Gustavo se laisse mener dans la chambre. Il abdique. Demain est un autre jour. Nuit sans sommeil en perspective, sans même la certitude que le soleil se lèvera demain. Son avenir n'est plus qu'une suite d'orages jusqu'à ce que le ciel finisse par lui tomber violemment sur la tête.

Sophie réussit à s'endormir. Elle est décidément la plus solide des deux. C'est vrai qu'avec son aide ils peuvent peut-être s'en sortir. Gustavo ne ferme pas l'œil. Il voudrait y croire, mais il n'y parvient pas, il n'y croit plus. Il ne voit pas comment se remettre d'une catastrophe pareille. Comment lutter contre la furia populaire ? Il a le sentiment d'être livré à un tribunal d'épuration, à la Libération, ivre de vengeance et de symbole. Au poteau ! À mort ! Assurément, seule la fuite est envisageable. Il tente de se désolidariser des bras de Sophie qui l'enserrent, mais elle ne le laisse pas faire. Hors de question qu'il descende se flageller encore un peu plus à observer les internautes tisser leur toile et projeter leur venin. Pourtant il va finir par réussir à s'échapper et passer deux heures devant l'écran du Mac avant de retourner se coucher en catimini. Entre deux consultations de sites d'information ou les fils Twitter, il a regardé l'état de ses comptes bancaires, les horaires des vols pour Buenos Aires du lendemain, et vérifié la date de validité des passeports de toute la famille. Il voudrait convaincre Sophie. Partir. Tout quitter. Tout de suite. Dès 6 heures, après cette nuit sans repos, il l'entreprend sur le sujet. Sophie est arc-boutée sur sa position. Ils doivent se défendre, être réhabilités, écrire un *J'accuse*, pas se carapater comme des coupables. Gustavo abdique.

Ils écoutent les matinales à la radio, zappant entre France Inter, Europe 1 et RTL. Gustavo est au centre de toutes les polémiques. Certains éditorialistes s'émeuvent de voir ainsi une chaîne nationale désigner un coupable, sans procès, sans preuve, ajoutant simplement foi à la déclaration d'une adolescente traumatisée et perturbée. D'autres défendent cette orpheline qui n'a trouvé aucun autre moyen de se faire entendre que celui-là, les questions et remarques des auditeurs penchant toutes de ce dernier côté de la balance. Dire que la France a offert sa nationalité à un assassin de la pire espèce. Claire a ému la France entière, qui se passionne et se mobilise pour sa cause. Le hashtag #santinienprison caracole en tête du palmarès de Twitter et la pétition sur change.org est en route vers les cinq cent mille signatures. Assez pour déclencher un référendum citoyen selon certains hommes politiques. Le procureur de la République de Paris est sommé de réagir. Il annonce une conférence de presse pour 9 heures.

Les camions des chaînes de télévision n'ont pas bougé. Ils guettent la sortie d'un des membres de la famille, ils attendent une réaction à chaud, pour alimenter la polémique, faire gonfler l'audimat, ne pas laisser le soufflé retomber. Gustavo n'ira pas travailler aujourd'hui. Sophie monte réveiller Daniel et Martín. Daniel est comme chaque matin ravi de voir sa mère entrer dans sa chambre, et son câlin a une saveur particulière, celle de l'innocence. Il a été préservé jusque-là, c'est un petit garçon adorable et Sophie est émue aux larmes ce matin par sa gentillesse spontanée. L'accueil que lui réserve Martín est très différent. Il n'a que peu dormi, rivé sur son téléphone. Son visage exprime la souffrance et la peur et il lève à peine les yeux de son écran lorsque sa mère entre dans la chambre. En un éclair, Sophie prend toute la mesure de la situation, et se retrouve submergée par la mauvaise conscience. Gustavo et elles n'ont même pas pensé à confisquer son téléphone à leur fils aîné, ils l'ont abandonné, laissé seul face à la colère populaire, quelle indignité. Ils ont manqué à leur devoir élémentaire de parents, défendre leur progéniture contre les dangers du monde extérieur. Sophie balbutie des excuses, encourage Martín à se lever. Il hurle.

— Mais tu te rends compte de ce qui se passe Maman, ou pas ? Tout le monde veut envoyer Papa en prison, mes copains me traitent de fils d'assassin, les autres veulent me défoncer la gueule, toute la France nous déteste !

Bien sûr que Sophie s'en rend compte. Elle voudrait agir avec indifférence, comme si de rien n'était, adopter une attitude de résistance passive, digne face à la meute pour leur montrer qu'ils ne peuvent avoir raison de leur famille. Est-ce qu'un enfant peut comprendre ce qui est en train de se jouer, là ? Martín l'implore. Il ne veut pas aller au collège, pas aujourd'hui, ce n'est pas possible. Gustavo a entendu son fils crier, et il est sur le pas de la porte, impuissant. Ce n'est pas en se tenant debout, bras écartés, sur la plage, qu'on peut survivre à un tsunami. Il faut courir, se percher sur une branche, le plus haut possible, à l'abri des flots déchaînés. Il intervient dans la discussion.

— Martín a raison, Sophie, il faut vous cacher en attendant que ça passe. Tu devrais emmener les enfants chez ta mère, à Bordeaux, le temps que l'hystérie retombe.

— Même si je pensais que tu as raison, je ne peux pas te laisser seul, Gustavo, je ne vais pas t'abandonner.

— Prends la voiture, emmène les enfants loin de ce cirque, et reviens. C'est une question d'heures. Je ne vais pas bouger d'ici, il ne va rien se passer. Je vais demander à Maître Synthès de venir, on va établir le plan de bataille, et ce sera mieux si les enfants ne sont pas à la maison. Je ne veux pas que tu t'inquiètes pour moi, ça va aller, je t'assure.

Sophie refuse de céder dans un premier temps, mais elle reçoit un coup de fil de la mère de la déléguée de classe de Martín, qui lui demande de ne pas accompagner Martín au collège, pas ce matin. Ils ont échangé sur le groupe Facebook des parents et ils sont tous d'accord, ils veulent fuir la publicité, éviter de mêler leurs enfants à cette affaire, et ils apprécieraient vraiment si Martín pouvait s'abstenir de venir en classe, juste le temps que l'émotion retombe. Quelle dégueulasserie ! Sous ses airs mielleux, elle vient de signifier à Sophie qu'ils sont devenus des parias. Gustavo a raison. Il faut partir. Elle l'implore encore une fois de venir avec eux mais il rétorque avec raison qu'il ne peut pas donner le sentiment de prendre la fuite, pas à moitié. Soit ils laissent tout tomber et ils partent tous ensemble, là, maintenant, tout de suite, pour Roissy et ils attrapent le vol de 10 h 40 pour Buenos Aires, aller sans retour, soit elle insiste pour croire qu'il sera possible de restaurer l'honneur de la famille, de réhabiliter leur nom à tous les quatre et il doit rester là, lui. Là encore, Gustavo a raison, concède Sophie. Elle n'est pas prête à tout quitter, pas tout de suite. Peut-être dans quelques jours, mais il est encore trop tôt dans son processus mental. Elle acquiesce. Elle rassemble à la hâte des vêtements de ses fils, de quoi tenir quelques jours, leurs affaires de toilette, un pyjama, les doudous, des slips, des chaussettes, demande à Gustavo d'aider Daniel à s'habiller tandis qu'elle termine de préparer cette valise. Elle regarde sur Waze le temps qu'il va lui falloir pour rejoindre Bordeaux : six heures. Sa mère ne la laissera jamais repartir tout de suite. Elle va devoir laisser Gustavo seul pendant tout ce temps ? Elle bataille, écartelée entre son mari et ses enfants. Elle appelle Synthès, qui décroche immédiatement, et lui confirme que c'est une bonne idée d'emmener ses fils à distance de l'œil du cyclone. Elle lui promet d'une voix assurée et confiante qu'elle passera toute la journée avec Gustavo, qu'elle ne le laissera pas seul. Elle va juste attendre la conférence de presse du procureur de Paris et elle rejoindra Marly-le-Roi. Elle se fait fort de faire dégager les caméras, d'ailleurs, elle s'y engage. Sophie n'est pas complètement rassurée mais les conseils de l'avocate se sont jusque-là révélés toujours précieux. Son instinct de mère prévaut sur son amour d'épouse. Soit. 8 h 15. Elle part pour Bordeaux. Elle embrasse longuement Gustavo, dissimule les visages de Martín et Daniel sous leurs écharpes, et ouvre la porte de la maison pour rejoindre le garage. Les flashes crépitent, certains photographes se voyant enfin récompensés de leur patience, installés à califourchon sur les branches des platanes de la rue Alexandre Dumas. Sophie ouvre le garage, place les enfants à l'arrière de l'Alfa Roméo, hors de question de placer Martín à l'avant, et actionne l'ouverture du portail. Elle parvient à se faufiler entre les camions, sous les lumières des caméras, une main protégeant son visage, et la voiture s'éloigne, direction le Sud-Ouest.

Gustavo a observé le manège derrière le rideau de la chambre de Daniel. Il est seul, désormais. Dans quarante-cinq minutes, la conférence de presse du procureur. Une immense lassitude l'envahit. Il est d'un pessimisme noir. Les réseaux sociaux continuent à réclamer sa tête, sans relâche. Ce n'est pas une vague, c'est un raz-de-marée. Il repense à ce dîner où il s'était indigné, seul contre l'avis du reste des convives, face à la grâce présidentielle accordée à Jacqueline Sauvage.

Deux cours d'assises l'avaient condamnée, quinze jurés au total, six magistrats professionnels, des années d'enquête de police et il avait suffi d'un élan d'émotion sur Twitter pour qu'elle devienne une victime, une femme injustement condamnée, qui ne méritait pas le sort qui lui était réservé. Qu'elle soit coupable ou non n'entrait pas en ligne de compte pour Gustavo. Il ne comprenait pas qu'un président de la République aille à rebours de l'institution qu'il est censé défendre juste parce qu'une foule tapait de concert sur des écrans tactiles des injonctions de moins de cent quarante caractères. Les convives l'avaient rabroué, la vérité est dans le tweet, dans le résumé, c'était une femme battue, ce n'était pas un meurtre, c'était de la légitime défense, point. C'était aller contre l'époque que vouloir soutenir que tout ne se résume pas en un hashtag, et Gustavo avait renoncé à vouloir convaincre son auditoire sur ce coup-là, tout en ne comprenant pas pourquoi, dans ce pays, les héros ne sont plus ceux qui agissent, mais bien ceux qui peuvent revendiquer le statut de victime, victime de l'injustice, victime du système, victime des circonstances.

9 heures. La conférence de presse est diffusée en direct sur toutes les chaînes. Le

procureur explique dans les moindres détails les conditions de la levée de la garde à vue de Santini, précisant que son alibi avait été vérifié soigneusement. Quel soulagement ! Enfin, la justice reprend ses droits. Son honneur est lavé, et Gustavo y croit. Mouchés, tous ces abrutis. À la niche, les chiens ! Toutefois, poursuit le procureur, après s'être personnellement entretenu avec la victime ce matin, il apparaît que certaines zones d'ombre méritent encore une clarification. Quelles zones d'ombre ? Mais il débloque complètement ! Gustavo touche le fond. Aussi ai-je décidé de réouvrir l'enquête, et nous allons convoquer à nouveau M. Santini. Il sera placé sous contrôle judiciaire, en tant que témoin assisté, jusqu'à ce que toute la lumière soit faite sur cette affaire, même s'il a foi dans le travail de l'équipe de police menée par le commandant Defils à l'époque. Il termine son allocution avec fermeté, condamnant sans appel les menaces proférées à l'égard de Gustavo sur les réseaux sociaux et mettant en garde ceux qui voudraient se substituer à la justice.

C'est terminé. Sophie a entendu l'allocution en direct à la radio et s'arrête dans la première aire d'autoroute pour appeler Gustavo. Pas de réponse, le téléphone sonne dans le vide. Elle a arraché la prise, l'aurait-elle oublié ? Le portable de Gustavo ne sonne même pas. Il a éteint son téléphone. Elle se maudit, frappe son volant des deux mains, avant de redémarrer en trombe pour trouver la prochaine sortie et faire demi-tour. Gustavo de son côté a éteint la télévision. Il est livide. Contrôle judiciaire. D'autres policiers vont venir, les sirènes vont retentir, il va être interrogé à nouveau, menotté, filmé sous tous les angles. Il n'y arrivera pas. Il ne supportera pas d'être enfermé à nouveau, c'est au-dessus de ses forces. Son nom est sali à jamais. Il ne peut plus quitter le territoire, son passeport ne lui sert plus à rien. C'est fini. Même si l'enquête conclut à nouveau à son innocence, les réseaux sociaux ne le lâcheront pas. Daniel et Martín n'auront plus de vie. Et combien de temps le vigile va-t-il être en mesure de maintenir son témoignage ? Il finira par reconnaître qu'il n'est plus si sûr, que c'était il y a longtemps, qu'il s'est trompé. On lui inventera un complice qui aurait forgé cet alibi. C'est fini. Sa vie est foutue, et celle de sa famille avec lui. Il n'a plus de boulot, il n'en retrouvera jamais. Ils auraient dû partir, il l'avait bien dit. Maintenant il est seul, là, et dans quelques minutes on tambourinera à sa porte. Plus jamais ça.

Il s'assied devant son ordinateur, ouvre Word et organise ses pensées avant de taper rapidement les quelques phrases qui lui viennent. Combien de temps avant l'arrivée des flics ? Quelques minutes tout au plus. À qui envoyer cette lettre pour s'assurer qu'elle parvienne à son destinataire ? La presse. *Le Monde*. Où ? Comment ? Par mail. Vite. Le site du monde lui demande si le message concerne « son rapport au journal et son sentiment quant au traitement général de l'information », ou s'il concerne « une remarque sur un sujet précis traité dans les pages du journal ». WTF !! Tant qu'à choisir, il adresse son message à la première adresse, mediateur@lemonde.fr.

Une relecture ? C'est brouillon, c'est rapide, mais c'est ce qu'il a sur le cœur. Pas le temps de faire mieux. Un clic sur l'avion en papier et le message est parti.

« *Monsieur le Président,*

Je serai mort lorsque vous lirez cette lettre. Des centaines de milliers de Français réclamaient ma tête, je vous la livre. Le tribunal populaire a eu raison de moi. Un procès expéditif, sans défense, sans appel. La société des Ténèbres succède à celle des Lumières. La chambre d'écho des réseaux sociaux est plus forte, plus puissante, plus rapide que notre justice. Je suis innocent des crimes dont m'accuse cette enfant, pourtant ma famille subit des assauts d'une violence insoutenable. J'ai peur de mourir, Monsieur le Président, mais je ne vois pas d'autre issue pour assurer à mes enfants un avenir serein. Je vous conjure de réserver le meilleur sort à ma femme Sophie ainsi qu'à mes deux fils, Daniel et Martín, que j'aime et dont j'espère qu'ils sauront me pardonner, à défaut de me comprendre.

Respectueusement,
Gustavo Santini. »

Il voudrait parler de vive voix à Sophie, lui dire combien il l'aime, combien il regrette, combien il demande pardon à ses fils, mais il n'en a pas le courage. Il ne mettra pas son projet à exécution s'il l'entend. Il perçoit les sirènes, au loin. Déjà ? Il songe à ouvrir grand les volets roulants de la maison avant de monter sur la mezzanine, pour que la suite soit filmée et diffusée en direct. Puisqu'ils veulent du spectacle… Mais il pense à nouveau à ses enfants et y renonce. Il rentre dans la chambre de Martín, fouille dans son sac d'escalade et ressort aussitôt. Un nœud de cabestan à la rambarde de la mezzanine. Il prépare un nœud coulant de l'autre côté de la corde. Il a peur. Ses mains tremblent. Il ne veut pas mourir. Il a oublié de demander pardon à sa mère, il ne lui a rien laissé, pas un mot, pas un baiser, pas un je t'aime, merde, merde, merde. Il se demande avec angoisse s'il va souffrir. Pourvu que la nuque se brise d'un seul coup. Il est terrorisé à l'idée de gigoter plusieurs minutes, le temps de mourir asphyxié. Et puis non, il ne va pas y arriver, c'est trop dur.

Les policiers frappent une première fois à la porte.

— Ouvrez, monsieur Santini, nous savons que vous êtes là.

Il n'y a pas d'autre issue. Ils ne vont plus le lâcher. Il monte sur la rambarde de la mezzanine, et enfile le nœud autour de son cou. Frisson. Il n'est pas prêt. Merde, il faut du temps pour se préparer au grand saut, déguerpissez, foutez-moi la paix.

— Allez, monsieur Santini, soyez raisonnable, ne nous obligez pas à pénétrer de force chez vous.

Seul le silence leur répond.

Pour Sophie, pour Daniel, pour Martín. Pour qu'ils puissent avoir une autre vie, une vie meilleure. Une ultime respiration. De l'air. Ne pas regarder le rez-de chaussée. Santini ferme les yeux, et effectue un pas dans le vide.

Les caméras de télévision ne perdent pas une image de la troupe de forces de l'ordre qui encercle la maison de Gustavo et Sophie. La France entière assiste à l'effraction de la porte à coups de bélier, et puis rideau. Trois policiers ressortent de la maison et font reculer les caméras et les véhicules avec autorité. Ils établissent un périmètre de sécurité plus vaste, pour permettre aux secours d'arriver. À l'intérieur, le commissaire divisionnaire mobilisé par le procureur de la République hurle des instructions. Ses hommes ont décroché le corps à peine quelques secondes après leur entrée, et il espère pour sa carrière que Gustavo respire encore.

Le courrier de Santini sera repris dans les heures qui suivent par tous les sites Internet et déclenchera un retournement de l'opinion tout aussi spectaculaire qu'avait été le déferlement de haine le conduisant à l'échafaud, alimenté par les polémiques, les coups de gueule des politiques et les tweets des anonymes. Un défilé d'hypocrites se pressera sur les plateaux pour affirmer pêle-mêle que la télévision était allée trop loin, que les réseaux sociaux devaient faire l'objet d'une modération, que les géants américains devaient être mis au pas, qu'il fallait décidément une loi sur le sujet et autres fadaises. Le président de la chaîne incriminée ira même jusqu'à faire amende honorable. Bien sûr. Jusqu'à la prochaine occasion de faire le buzz.

Épilogue – Juin 2017

Les températures se sont rafraîchies à Buenos Aires. Le jardin botanique, dessiné par le Français Charles Thays à la fin du XIXe siècle, fait grise mine en cette période de l'année, mais Gustavo sourit. Il prend plaisir à s'y promener, à respirer les fragrances de l'automne, à fouler les feuilles mortes qui tapissent les allées. Il est vivant. Il est resté près de dix heures dans le coma, entre la vie et la mort. Il s'en est fallu de peu. Le choc du saut l'a étourdi, mais la hauteur de la mezzanine n'était pas suffisante pour lui briser la nuque. Une fois suspendu, il a rapidement perdu connaissance, mais comment aurait-il pu savoir qu'il faut parfois plus de dix minutes avant que le cœur cesse de battre ? À peine la porte fracturée, un policier s'est précipité pour le soulever par les jambes, stoppant net la pression sur la jugulaire, le temps qu'un de ses collègues coupe la corde. Son cerveau a été privé d'oxygène moins de deux minutes en tout, et son corps a hésité entre vivre ou mourir, avant de choisir la survie. Il ne présente aucune séquelle, hormis une vilaine marque au cou qu'il dissimule par un col roulé ou un foulard. Les médecins ont évoqué de possibles pertes de mémoire ou des troubles de l'équilibre, mais Gustavo n'en est pas victime à ce stade.

Sophie était à ses côtés lorsqu'il s'est réveillé. Elle s'est battue pour lui, comme elle le lui avait promis avant son départ pour Bordeaux. Elle s'est occupée de tout, avec l'aide de Françoise Synthès. Le vigile a confirmé mordicus son témoignage, le divisionnaire est venu à l'hôpital, pour la forme, recueillir une déposition de plus de Gustavo, sans qu'il ait à franchir à nouveau les portes d'un commissariat de police. Le procureur de la République a été invité au journal de 20 heures de TF1, disculpant formellement Santini et chargeant les irresponsables de la chaîne concurrente, sachant pertinemment que la prochaine fois ce serait l'inverse. Mais qu'importe. Synthès a obtenu un dédommagement substantiel de cette chaîne contre un abandon des poursuites pour dénonciation calomnieuse et mise en danger de la vie d'autrui. Une fois l'honneur de sa famille rétabli, Sophie avait accepté d'émigrer. Gustavo ne pouvait plus rester en France : tout le replongeait dans le traumatisme, sa maison, son job, ses amis, Paris, une voiture de police, la télévision. Il voulait changer d'environnement, de vie, et les deux garçons avaient donné tout leur soutien au projet. À Marly-le-Roi, ils n'étaient plus que les fils de ce « pauvre » Gustavo, et eux aussi méritaient un nouveau départ.

Avant de quitter définitivement la France, Gustavo avait demandé à Maître Synthès d'organiser une entrevue avec Claire Dalmas. Maintenant qu'il était en vie, souillé par les internautes mais blanchi par la justice, il souhaitait la confronter. Au sortir de la garde à vue, il avait éprouvé de l'empathie pour l'orpheline, et lui avait quasiment pardonné de l'avoir désigné derrière cette glace sans tain, toute à sa détresse. Mais l'étape d'après était injustifiable. Il avait failli mourir, par sa faute, par son aveuglement, son entêtement à trouver un coupable, quel qu'il soit. Il voulait purger cette relation malsaine. La justice l'avait mis hors de cause, il fallait que l'œil de Claire cesse de le poursuivre jusque dans son exil. Gustavo avait obtenu l'entretien en face à face qu'il appelait de ses vœux, à l'abri des regards et des micros indiscrets. Ressentiment, colère, réconciliation ? Les mots qu'ils avaient échangés demeureront leur secret.

Claire est restée sous le feu des projecteurs quelques semaines, objet de débats et polémiques. Elle aussi a imaginé tout quitter, s'exiler, oublier, mais pour aller où ? Avec qui ? Elle a laissé Defils se rapprocher d'elle, et la guider dans cette période douloureuse. Il a devancé sa mise à la retraite de quelques semaines pour être présent chaque jour aux côtés de Claire. Il occupe ses journées à continuer la traque, sans moyens, sans support, mais avec une foi inébranlable. Il tiendra sa promesse. Il retrouvera l'assassin de son père.

Le ciel est dégagé. Gustavo contemple le groupe de statues qui symbolisent « Le réveil de la nature ». Une nouvelle vie s'ouvre devant lui, et il compte bien profiter de cette offrande.

Remerciements

À mes fidèles lectrices, exigeantes et bienveillantes, Catherine, Georgia, Laurence, Caroline, Claire, ma maman Odile, mes filles Alice et Anne, et une petite nouvelle, Emmanuelle. Que serais-je sans vous que ce balbutiement ?

À mes cousins Georges et Thierry, pour leur apport sur les arcanes de ce type d'affaires.

À Martine Boutang, l'unique, à qui je dois tout et qui sait trouver les mots pour me guider.

À Olivier Nora pour sa confiance et son regard.

À Marie, dont le soutien est décidément sans faille. Mon roc.

Mise en pages PCA
44400 Rezé

Cet ouvrage a été imprimé par
CPI BRODARD ET TAUPIN
pour le compte des Éditions Grasset
en avril 2018

PAPIER À BASE DE
FIBRES CERTIFIÉES

Grasset s'engage pour
l'environnement en réduisant
l'empreinte carbone de ses livres.
Celle de cet exemplaire est de :
700 g Éq. CO_2
Rendez-vous sur
www.grasset-durable.fr

N° d'édition : 20418 – N° d'impression : 3028469
Dépôt légal : mai 2018
Imprimé en France